Managing your Money

お金のしくみを知り
かしこく扱う
方法

ジェーン・ビンハム
ホリー・バシー　著
小寺敦子 訳

東京書籍

U18
世の中ガイドブック

Managing your Money

お金のしくみを知り
かしこく扱う
方法

ジェーン・ビンハム
ホリー・バシー　著
小寺敦子　訳

Expert advice from:

Martina Collett
Careers and Employability Officer
South Thames College, London

Stephanie Fitzgerald
Head of Young People Programmes
The Money Charity
https://themoneycharity.org.uk

はじめに

　この本は、お金の管理のしかたや、お金をうまく
活用する方法を、10代のみなさんに知ってもらう
ために書かれた。お金の稼ぎ方、お金をかしこく
使うにはどうするか、将来を考えて資金計画をど
う立てるかなどのアドバイスがたくさん紹介され
ている。読めばきっと、自分が本当に大事にして
いる物事や人のために、お金を使えるようになる
だろう。

　まずは予算の立て方、使うお金をどのように調整
するか、使うお金と貯めるお金の仕分け方などを
知るところから学んでいこう。さらに、大人にな
ればひとつひとつ決めていくことになるさまざま
なお金の使い方も、先回りしてのぞいてみよう。

　若いときに身につけたお金の習慣はそのまま一生
変わらないことが多い。だからこそ、お金をのし
くみを知りかしこく扱う方法を今から
身につけよう！

もくじ

第1章
自分のお金、どう管理している？

　日ごろ、自分のお金をきちんと管理している自信のある人がいれば、あまりうまく活用できていないと感じる人もいるだろう。

　次のページの質問に答えて、自分のお金の習慣を確認してみよう。「正しい」答えを出そうと思わず、なるべく正直に。お金をしっかりと管理できるようになるには少し時間がかかるし練習も必要。でも誰にでも身につけられるスキルなんだ。

本を読み終わったあと、
このチェックシートを
もういちど試してごらん。
学習成果がわかるよ。

お金の管理チェックシート

1. 自分がお金をいくら持っているか、いつもわかっている?

A. わからないし、お金はあれば使っちゃう。なくなるまで。

B. だいたいどのくらいあるか、なんとなくわかる。

C. はい。おこづかい帳で出し入れの記録をつけている。

2. 自分のお金がすっかりなくなったことはある?

A. はい。時々、家族や友だちから借りる。

B. ほとんどない。お金は考えて使うようにしている。

C. 一度もない。もしものときに使えるお金も用意してある。

3. 使いみちを決めてお金を貯めている?

A. いいえ。貯金をするなんて無理。

B. 時々。でもよく挫折して使ってしまう。

C. はい。毎週決めた金額を取り置きして、目標金額になるまで
貯めている。

4．まとまったお金をもらったら、どうする？

A．持ち歩いて、買いたいものがあれば買う。

B．家のどこか安全なところにかくす。

C．銀行の口座に預けて利息を増やす。

＊銀行口座については14章を、利息については108ページを
参照。

5．すてきな靴を見つけたら、どうする？

A．迷わず買う。自分のものにしたいと思ったらがまんしない。

B．すぐに飛びつかず、もう少し安く買えないか調べる。

C．しばらく考える時間をとる。そのお金をほかの物に使えるか
もしれないので。

結果発表！ あなたは……?

だいたい A と答えた人は……

お金をうまく使えるように学んだほうが
いいね。でも心配しないで、これから始
めよう。

だいたい B と答えた人は……

お金についての常識がある人、でも知っ
ていれば役に立つことがもっとあるよ。

だいたい C と答えた人は……

お金のことには相当くわしい。この本で、
そのスキルにさらにみがきをかけよう。

第2章
そもそも、お金って何?

　お金と聞いて、何を思い浮かべるだろう?　山と積まれた硬貨や紙幣(紙のお札)?　それともキャッシュカード?　または、スマートフォン(スマホ)をタップするだけで支払える見えないお金?

　何世紀にもわたってさまざまな姿に変身してきたお金は、かつてない速さで今も変化している。では、お金はどのようにして今の形になったのだろうか。文字を使う前の先史時代から今日までのお金の歴史を、かんたんに振り返ろう。

物々交換

　人間は数千年ものあいだ、お金というものを使わずに暮らしてきた。何かほしいもの(ラクダなど)があれば、それと取り換えられるもの(ヤギなど)を見つけてきた。いわゆる物々交換だ。

ラクダ1頭に
ヤギ3匹だ。
お得だよ!

貝殻、豆、ビーズのお金

　今からおよそ3000年前、商人たちの
あいだですばらしいアイディアが生まれ
た。物と物を取り換える代わりに、その品物の価
値を表すものを使って取引をするようになったの
だ。たとえばインドやアフリカでは、タカラガイ（コ
ヤスガイ）を使った。中央メキシコのアステカの
人々はカカオ豆を使い、北アメリカのある先住民
は「貝殻玉（ワムパム）」という色のついたビーズ
を使った。

金属の硬貨

　金属製の硬貨は紀元前600年ごろ、トルコで最
初に使われた。のちに古代ギリシャや古代ローマ
でもそれぞれの国の硬貨、つまり「通貨」が作ら
れるようになる。ローマ帝国の硬貨には通貨の信
用性を示すため皇帝の頭像が刻まれた。硬貨は次

第に世界中に広まり、国ごと
に独自の通貨が発展して
いった。

紙幣

　中国では700年代に紙幣が作られるようになったが、ヨーロッパの国々で紙幣の印刷を始めたのは、それから1000年近くもたってからだった。ヨーロッパでは銀行の設立に続き紙幣（バンクノート）が発行されるようになった。つまり紙幣は、銀行が紙面に印刷された金額を支払うという約束のしるしだったのだ。

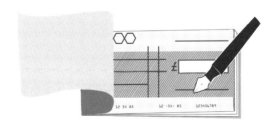

小切手

　1700年代には個人小切手（パーソナルチェック）が使われはじめる。小切手は、ある銀行口座のお金を別の口座に振り替えることを約束するものだ。小切手は20世紀終わりごろまで広く使われていた。現在も需要は減ったものの、まだ利用者はいる。

銀行のカード（キャッシュカード）

1960年代半ばに、お金を振り替える新しい方法が生まれる。それは読取り機に情報を読み取らせるプラスチックのカードだった。キャッシュカードは支払いをしたり、現金自動預入支払機（ATM）で自分の口座からお金を引き出したりするのにとても便利なツールだ。

オンライン決済

1990年代、イギリスをはじめ欧米諸国では、多くの人がキャッシュカード情報をコンピューターで送るというかんたんな方法で支払いをするようになった。これは購入者の口座から販売者の口座へ、お金を自動的に振り替えるしくみで、デビット

カード決済（けっさい）という。一方、日本のオンライン決済の大半を占めるのがクレジットカード決済だ。このようなオンライン決済のおかげで、オンラインの通販会社は大きく成長した。

非接触型(サインレス)決済

<ruby>非<rt>ひ</rt></ruby><ruby>接触型<rt>せっしょくがた</rt></ruby>

　お店のカードリーダー（読取り機）に、クレジットカードや電子マネーカード、交通系のICカードをタッチしたりスマホを近づけて読み取らせ、瞬時に支払いをする方法、これを非接触型決済という。この決済は一定金額を超える支払いには使えない。

ポチっと押す前に

　オンライン決済で買い物をするときは、金額をよく確かめよう。お財布の中のお札や小銭を数えなくていいからといって、自分に聞くのを忘れないようにしたい。この品物を買うお金はじゅうぶんあるかな、ってね。

15

未来のお金は、どうなる？

　将来はお金（現金）をいっさい使わなくなる時代がくるかもしれない。たとえば支払いのときは、生体認証スキャナーが私たちの顔や指紋や声を読み取り、自動的に口座から振り替えてくれる、というように。

　買い物をオンライン（ネット）ショッピングですませる人が増えるなど、買い物のしかたは今も、どんどん変化している。将来は、私たちの購入履歴から買うべきものを推し量り、提示するようプログラムされたショッピング・ロボットがお使いをする時代がくるかもしれない。

今日ハナニヲ
買イマスカ？

ビットコインは未来型のお金?

　2009 年に「ビットコイン」という新しい通貨の形が生まれた。これは仮想通貨（クリプト通貨）といい、実際の硬貨や紙幣としては存在せず、オンラインで利用できる。利用者はオンラインに保管してあるビットコインで、買い物や受けたサービスの支払いをする。

　ビットコインが今後も使われるかどうか予測するのは難しいが、このような仮想通貨の形が将来は一般的になるだろうと考える人もいる。

第3章
自分のお金について
考えてみよう

　まずは、2つの単純な質問に答えるところから始めよう。

・ 自分が今、自由に使えるお金はいくらある?
・ 先週はいくらお金を使った?

　質問にすぐ答えられなくてもだいじょうぶ。そういう人はきっとキミひとりではないから。とはいえ、お金のことをあやふやなままにしておくと、落ち着かないものだ。手持ちのお金がないとわかって、きまりの悪い思いをすることもあるかもしれない。

お金、
どっかにあるのは、
たしかなんだけど
さぁ。

でも、かんたんな手順をふむことで、お金の出し入れはちゃんと把握（は あく）することができるようになる。まず試してほしいのは、おこづかい帳をつけること。

おこづかい帳をつける

　おこづかい帳をつけると、自分には今使えるお金がいくらあるのか、すでにいくら支払ったのかなどがわかるようになる。お金の出し入れをきちんとつかんでおけば、今後使うときの見通しも立てやすくなるのだ。

　まずは自分に合った記録のつけ方を検討してみよう。

- お金を使うたびに手帳にさっとメモする。
- パソコンやスマホ、タブレット上でお金の出し入れの記録をつける。
- お金を管理するアプリを利用する。インターネットやApp StoreやGoogle Playストアなどのサービスで便利なアプリを探してみよう。

入るお金と出るお金

おこづかい帳をつけると、お金の入り具合（収入や所得という）と出具合（支出や出費という）がわかるようになる。

収入の記録をつけるには、お金を受け取るたびに金額と出どころを書き出し、1週間たったら全部足して合計を出す。

支出の記録をつけるには、お金を払うたびに記録する。金額は毎日足して合計を出し、1週間分の合計も計算する。そうすれば日ごと、週ごとの支出を見くらべることができる。

レシートを取っておこう

　支払いのたびに記録をつけるのは楽ではないけれど、レシートを取っておけば、いくら使ったかがちゃんとわかる。オンラインショッピングの場合も忘れないように領収証のデータやメールを保存したり、スクリーンショットして画像保存をしよう。「出たお金」は毎日合計しておく習慣をつけよう。そうすれば、使いすぎたらすぐわかるからね。

お金の出どころは？

　おこづかい帳で収入の記録をつけるようになった
ら、誰からお金をもらうか考えてみよう。

定期的にもらうお金

　あなたはおこづかいを週一回もらう？　それとも
月に一回だろうか。アルバイトをする人は、いつ
も決まった金額をもらうだろうか。このように定
期的にもらうことが決まっているお金は、計画を
立てるときに当てにできるお金だ。

ええと、わたしは
毎週いくらまで
好きに使える？

おこづかいについて

　仲間どうしで集まると、お金をよく使う人がひとりくらいいるものだ。でもおこづかいの金額にかかわらず心がけたいのは、自分のお金は「自分のために」使うということ。

臨時収入

　時々、思いがけないお金をもらうことがある。親せきがおこづかいをくれたり、賞金が当たったり。臨時収入は嬉しいけれど、いつも入るお金ではないから、先の計画を立てるときに当てにすることはできない。

お金を増やす方法を考える

　好きに使えるお金があると嬉しいものだ。自分でおこづかいを稼いで、収入を増やしたいと考える人もいるだろう。アルバイトについては5章を参照しよう。

おこづかいの使いみち

　10代のうちから、自分のおこづかいで必要なもの、食べ物や服などを買う人もいるだろう。これは大人になって暮らしていくときのよい練習になるが、大切なのは、自分のお金でどこまで払うかをはっきりさせておくことだ。

　たとえば……
- 昼食代は自分で払うのか、おやつ代だけでいいのか。
- 普段着も自分で買うのか、時々買いたい服があるときだけでいいのか。

　親とおこづかいについてこういう話し合いをしておくと、誤解やけんか、むだ遣いを防げるよ。

自分のお金、何に使っている？

　支出の記録を数週間くらいつけると、お金の使い方の傾向がわかってくる。つけた記録は次のようなポイントを押さえて見てみよう。

・どんな物にお金を使っている？

　食べ物、服、プレゼントなど使ったお金を買い物の種類で分けてみよう。使い方のバランスがとれているかどうかわかる。

来月は、服にあまりお金をかけないようにしよう。

・買っているのは「必要な物」？　「ほしい物」？

　必需品とほしい物の違いを見分けることは、お金を管理するうえでぜひ身につけたいスキルだ。くわしくは 27 ページを参照しよう。

・ お金を使いすぎていないか？

　支出記録の中で高額の買い物がないかチェックしよう。もしあればもっと安く買えたかどうか考えてみよう（かしこく買うためのヒントは6章を参照のこと）。

・ 週ごとのお金の使い方にバラつきがないか？

　1週間ごとの支出を比べてみよう。たくさん使いすぎた週があれば、すぐにわかる。

バーゲンの日は忘れないようにしようっと。

やれやれ。今週は使いすぎないように、けっこう気を使ったよ。

必要な物とほしい物を見分けよう

　次回、お金を使うとき、ちょっと立ち止まって、これは自分に必要な物か、それともほしいだけなのかを考えてみよう。

・**必要な物**とは、たとえば、シャンプーなどなくなれば必ず買い足す消耗品や生活必需品。

・**ほしい物**とは、たとえば今もっているスニーカーの色違い、どうしても必要ではないがあったら嬉しい物。

　ほしい物にお金を使うのもたまにはいい、でもまずは必要な物から優先して考えよう。

これ全部、本当に必要かな？

下のリストをパッと見て、

必要な物かほしい物か考えてみよう。

（答えは 175 ページ）

お菓子

消臭剤

雑誌

映画のチケット

サンドイッチ
（ランチ）

バナナ

香水

フーセンガム

リップスティック

歯みがき粉

バス代

ソックス

入るお金と出るお金に注目する

　入るお金と出るお金のことはわかっただろうか。お金の出し入れが理解できたら、さあ次はこの2つをくらべてみよう。1週間に入ったお金（収入）と使ったお金（支出）をそれぞれで合計し、並べてみる。それから、自分は下の (a) から (c) のどれに当てはまるか、おこづかいの記録をながめながら考えよう。

> （a）　いつも入るお金のほうが出るお金より
> 　　　多いので、緊急用に取り置きもしてあ
> 　　　る
> （b）　時々、入るお金と出るお金のバランス
> 　　　がうまく取れなくなる
> （c）　時々、入る以上のお金を使ってしまう

　(a) と答えた人は安心。(b) や (c) だった人、お金を管理する達人になるにはもうひと息だ。

入るお金　−　出るお金　＝　手元に残るお金

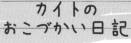

カイトの
おこづかい日記

収入

う－ん、
もう少し使える
お金がほしい
なぁ。

1週め

おこづかい　　　　　　1500円

合計＝1500円

2週め

おこづかい　　　　　　1500円

庭掃除の手伝い　　　　300円

合計＝1800円

今週はちょっといいぞ。
おこづかいを自分で稼げる
と助かるな！

3週め

おこづかい　　　　　　1500円

おじいちゃん、おばあちゃん
からの臨時収入　　　500円

犬の散歩のアルバイト　200円

合計＝2200円

収入が先週より
増えたから、
少し貯めておこう。

支出

やばいぞ、
おこづかいよりたくさん
使っちゃった！
（お母さんに100円の借り）

1週め

パン	200円
スポーツドリンク	150円
スマホケース	800円

アイスクリーム 300円
スナック菓子 150円

合計＝1600円

2週め

お母さんに先週借りた
お金を返す　　　100円
カフェラテ　　　200円

映画のチケット1000円
チョコレート　　100円

合計＝1400円

今週は使うお金を抑えたぞ！
でも、引き続き注意しよう。

3週め

ジュース	150円		
サンドイッチ	250円	グミ	200円
マンガ2冊	900円		

合計＝1500円

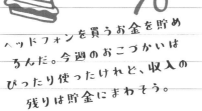

ヘッドフォンを買うお金を貯め
るんだ。今週のおこづかいは
ぴったり使ったけれど、収入の
残りは貯金にまわそう。

第4章
予算を立てよう

おこづかい帳をつけると、過去の支出記録が残るだけでなく、先の支出を考えることもできる。支出の予定を決めるいちばんよい方法は予算を立てること。予算とは、今後の収入をはっきりとさせることで、支出の計画も立てやすくなる。

収入、出費、それ以外の支出

1週間の予算を立てようと思ったら、まず、その週にいくら入るのかを知ることだ。

次に、その週の出費をすべて書き出そう。出費とは学校や仕事に通うためのバス代など、どうしても必要な費用のこと。

出費の金額がわかれば、ほかのことに使えるお金がいくら残るのかを計算できる。

予算表を用意する

　予算を立てるときのおすすめの方法は、パソコンやタブレット、スマホでかんたんなスプレッドシートを作ること。シートには収入、出費、それ以外の支出を書きこむ欄がある。これを使って、それぞれの金額の合計を見くらべれば、出費をまかなうだけの収入があるかどうか、必要な出費以外に使えるお金がどれだけ残るかなどがひと目でわかる。

予算表作成で困ったら

　インターネットや App Store や Google Play ストアなどのサービスで予算表を作成できる Google スプレッドシートなど、便利なアプリを探してみよう。

1週間の予算を立てよう

　まずはかんたんに、2つの項目に記入するところから始めよう。ひとつは収入（入るお金）、もうひとつは出費（必要な物を買うためのお金）だ。

　収入から出費を引けばいくら残るかがわかり、今週は何にどのくらい使えるかという計画が立つ。

　下の表は、カイトの1週間の収入と出費を書きこんだ予算表だ。

収入		出費	
おこづかい	1500円	昼食代×2	1000円
犬の散歩	300円	バス代往復	400円
合計	1800円	合計	1400円

収入から出費を
引けば、使える
お金がいくら残る
かわかるんだね。

1800円
−1400円
＝400円

使うお金の計画を立てよう

　1週間にいくら使えるかわかったら、予算表に「その他の出費」という項目を付け足してごらん。気をつけるべきポイントは、ここの合計が使えるお金として残る金額を超えないこと。

収入		出費		その他の出費	
おこづかい	1500円	昼食代×2	1000円	中古の文庫本	150円
犬の散歩	300円	バス代往復	400円	お菓子	200円
合計	1800円	合計	1400円	合計	350円

自由に使えるお金は
400円だから、今週は
350円使うことに
しよう。

残ったお金はどうする?

　1週間の終わりにもしお金が残ったら、次の週の収入にまわしてもいいし、貯めてもいい。

　貯金については、13章でくわしく解説するよ。

予算表の欄は増やしてもよい

　ここまで見てきたように、予算はかんたんな表であらわせるけれど、項目の数は必要に応じて、たとえば週の終わりに残ったお金を書き入れる欄を付け足すこともできる。

「予算」を必要とするのは？

　世界中のあらゆる人に必要なのが予算。会社でも政府でも予算を細かく立て、お金の振り分けを考えたり、支出が収入を超えないように管理している。家庭でも予算を立て、お金の出入りを管理する家は多い。予算は1週間ごと、1か月ごと、1年ごとなど、必要に応じて立てることができる。

第5章
お金を稼ぐ方法

お金を稼ぐ方法はいろいろある。この章で紹介する例をチェックして、自分にできそうな仕事があるか考えてみよう。

アルバイト

15歳以上になれば、地元のお店や会社、飲食店などのアルバイトを探すことができる。

アルバイトをすれば決まった収入が入るし、仕事を通して貴重な体験や役に立つスキルを身につけられる。

アルバイトを始めるときは

・ 保護者に、アルバイトをしてもよいかどうか確認しよう。学校によってはアルバイト禁止だったり、申請が必要だったりするので、校則の確認も忘れずに。

・ 割り当てられた時間どおりに働けるかどうか考えよう（試験が近い時期には、雇用主に相談するとよい）。

・ 雇用主に頼んで、労働時間や収入、待遇などを書いた手紙または契約書を発行してもらおう。仕事先で万が一、トラブルが起きたときの備えや証明になる。

家でもアルバイト

　家庭によっては、家の手伝いをするとおこづかいをくれるルールを親が設けているのでは？　そこで、ここに挙げた仕事を提案してみてはどうだろう（ただし、自分の部屋をきれいにするのはお手伝いに入らないよ）。

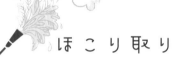

ほこり取り

洗車

食器棚や押入れ
クローゼットの
大掃除

掃除機をかける

落葉はき

庭の
草むしり

植木や
花の水やり

友人宅や近所でも

　アルバイトに慣れてきたら、親しくしているご近所さんや友だちの家でやらせてもらえないかを聞いてみよう。草むしりやごみ出し、旅行などで長く留守にするときには、ペットのえさやりや花の水やりをさせてもらえるかもしれない。

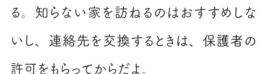

気をつけたいこと

　近所で働くといっても、親しくしている知り合いの家に限る。知らない家を訪ねるのはおすすめしないし、連絡先を交換するときは、保護者の許可をもらってからだよ。

ペットに関わる仕事

　動物が好きな人は、ペットを飼っている友だちや近所の家で、こんなことができるよ。

・ ペットの預かり

　決まった時間にえさをやったり、安全や健康に気をつけて見守ったり遊んだりする。

・ 鳥かごやケージ、犬小屋の掃除

　飼い主によってはすごく喜ばれる仕事だ。たとえば鳥が好きな人は、鳥かごの掃除をさせてもらえたら、定期的な収入を期待できる。

・ 犬の散歩

　犬とウォーキングが好きならおすすめの仕事だが、犬が急に走り出したり脱走しないようになど、しっかりとしつけや管理ができないと難しい。

子どもの預かりやお世話
(ベビーシッター)

　子どもを預かることができる年齢は一般的に16歳くらいからだが、それ以下でも親の手伝いで弟や妹の世話はできる。もし自宅で仕事をしている知り合いがいたら、放課後、子どもの面倒を見させてくれないか聞いてみよう。保育園にお迎えに行ったり、おやつをあげたり、読み聞かせをしたり、遊んだり話し相手になったりする仕事だ。

　人の命を預かる仕事なので、くれぐれも目を離さないこと。

IT機器の設定のお手伝い

　スマホやパソコンなどの情報リテラシーに強い人なら、友だちや家族が扱いに困ったときに得意なスキルを活かせる。スマホやタブレットにアプリをダウンロードするときや、SNSの使い方、パソコンのセットアップの相談に乗ってあげられる。

パーティの
盛り上げ役として

　手品やバルーンアート、楽器の演奏などが得意な人は、子どものパーティの盛り上げ役になれる。

　子どもを楽しませるのが好きなら、ほかの人ともうまくコラボレーションできそうだ。友だちと組んでマジックショーや人形劇をやるのはどうだろうか。ただし、練習は必要だけれど。

共同で仕事をするとき

　友だちと一緒に仕事をするときは、稼いだお金も分け合うことになる。仕事は誰にとってもやりがいがもてるように心がけたい。仕事の報酬については、46 〜 49 ページが参考になるよ。

作品を売る

　デザインを考えたり作ったりするのが好きな人は、そのスキルを活かしてすてきな物を作り、売るのはどうだろう。たとえば……

- 縫い物や編み物で帽子、服、おもちゃなどを作る。
- カレンダーやカードを作る。
- 装飾品やアクセサリーを作る。
- おしゃれなバードフィーダー（野鳥を寄せるための給餌装置）を作る。

　いろいろなアイテムの作り方は、本やインターネットで調べたり、手作りが得意な友だちに聞いてみよう。

　売る場所は、フリーマーケットからインターネット、アプリまでさまざまだ。

利益を出す

　自分の作品に値段をつけるときは、利益が出るように設定するのが肝心。利益とは、品物の値段とそれを作るのにかかった費用との差額だ。

　できあがるまでにかかったお金を思い出そう。たとえば、アクセサリーを作るときに買ったビーズ。作品を売り出すためのポスターを描いたなら、コピー代がかかったはず。もし利益を出したければ、こういった費用をまかなえる値段をつけよう。

私たち、カード作りの費用を割り出して、それにもうけ分を足したの。

ぼくたちの値段のつけ方は、４８〜４９ページを見ればわかるよ。

時間も費用のうち

　もしおばあちゃんに手作りのプレゼントをあげたら、おばあちゃんは作りあげるまでの時間を思ってさぞ喜んでくれるだろう。つまり、もし手作りの物を売ってもうけを出そうとするなら、作るのにかかった時間を費用に加えることを考えるといい。たとえば、帽子を編むなら、毛糸代に、編みあげるまでにかかった時間分を足した費用を足して検討しよう。

売れる値段をつける

　売った物で利益を出したいのはもちろんのことだが、値段を決めるときは相応の値段にすることも考えよう。似たような物の値段を参考にするとよい。あまり値段が高いと現実的ではないし、買ってもらえないからね。

カイトの
おこづかい日記

ぼくたちが作ったカードの売り方を考えてみた。

まず、作りたい枚数を決めた。

> カードは
> 100枚にしよう。

次に、必要な材料とそれにかかる費用を考えた。

材料	費用	数量	合計
カード	60円/1シート	10シート	600円
ペン	150円/1本	2本	300円
のり	100円/1本	2本	200円

 費用合計=1100円

次に、かかる費用合計をカードの数で割って、

1枚につきいくらかかるかを割り出した。

1100円 ÷ 100 = 11円

> カード1枚につき
> かかる費用は11円

でもそれにかけた時間分の費用を加えると……

まず、1枚のカードにかかる
手間（時間）を考えた。

ぼくたちが1時間
で作れるカードは
それぞれ20枚だから、
1000円を20で割る。

ふたりの手間賃は
1時間につき1000円
としてみた。

1000円÷20＝ 50円

手間賃は1枚
につき50円。

次に、材料費に手間賃を足して、
1枚にかかる費用を出した。

11円+50円＝ 61円

1枚作るのに61円の
費用がかかるという
ことだね。

この計算をもとに、
かかる費用をまかなえて、
さらにもうけが出るような
値段を考えた。

もし1枚を
111円で売ったら
利益はどのくらい？

111円−61円＝ 50円

ぼくたちのもうけは1枚売るたびに
50円。もし100枚のカードが全部
売れたらもうけはどうなるかというと

50円(1枚のもうけ)×100＝ 5000円

5000円の
もうけだ！

もうけを出すにはどうしたらいいか、確認してみよう。

（答えは 175 ページ）

(a)　もし 12 体の指人形を作る材料費が 4200 円だ
としたら、1 体につき材料費はいくら?

1 体の材料費　＝

(b)　もし 1 時間に 1000 円の手間賃で 4 体の指人
形を作るとしたら、1 体につき手間賃はいくら?

1 体の手間賃　＝

(c)　1 体にかかる費用の合計はいくらか計算できる?
（合計費用　＝材料費＋手間賃）

1 体の合計費用　＝

(d)　もし 1 体につき 500 円のもうけを出したいなら、
指人形の値段はいくら?

1 体の値段　＝

第6章
お金をかしこく使う方法

　お金を上手に使って長く持たせる人もいれば、すぐに使い果たしてしまう人もいる。この章ではお金をかしこく使う方法や、節約の工夫を伝授しよう。たとえば、次のような物を買うとき……

・ 食べ物や飲み物
・ 服や靴
・ 化粧品や身だしなみ用品

　割引や値引き、特別セール（バーゲン）の機会をうまく利用しているだろうか。

　まずは、次のページで買い物のコツを確認しよう。

買い物上手になる3つのポイント

1. 落ち着いた気持ちで

お金を使う前に自分に聞こう。これは本当に必要なもの？　それともただほしいだけ？

必要？

ほしい？

2. 計画的に

買い物に出かける前に、必要なものを考えてから行くと衝動買いをしないですむ。あせって買うと失敗をすることも多いよ。

3. 買ったあとを考えて

レシートは必ず受け取り、もしものときは返品できるかどうか確認しておくといい（返品と返金については9章でくわしく説明するよ）。

食べ物、飲み物を買うとき

　10 代のみんながいちばんお金を使うのは、食べ物や飲み物に対してかもしれない。新鮮で栄養がある食品をたっぷりと食べるのは、育ち盛りにとってもちろん大切。でも、出費を抑えつつおいしく安心な食品を買う方法を知っておきたい。

　こんど、食べ物や飲み物を買いに行くとき、次の方法を試してみよう。

・ 似たような商品の値段をくらべる

　ブランド（銘柄）の違う商品の値段をいくつかくらべてみよう。同じような物なのに値段がかなり違うことがあるので、驚くかもしれない。

・ スーパーマーケットの自社ブランド商品を探す

　自社ブランドの商品は、よく知られたブランドの品とくらべ、質はあまり変わらないのに安いことがよくある。

- 閉店前をねらって買い物に行く

　パンなどの食品は閉店前に値引きして安くなることがある。

- 見た目の包装にまどわされない

　リンゴをスライスしたパック入りの商品はおいしそうに見えるけれど、まるごと 1 個買ったほうが、新鮮だし安い。

- よく食べるものはまとめ買いする

　シリアルバーなどは袋買いしたほうが個包装を買うより安いし、しょっちゅう買い物に行かなくてすむ。

ぎりぎりで買うときは

　スーパーマーケットにはたいてい値下げ品コーナーがあるが、肉や魚、乳製品を買うなら、消費期限や賞味期限を確かめ、買ったらすぐ使うようにしよう。

特別セール（特売）のこと

特別セールや割引商品は節約のチャンスではあるけれど、いらないものまで買わないように。バーゲン売り場へ出かける前、自分に聞こう……

必要以上に買ってしまうのは、なぜか？

リストどおりに

時々、全然必要のない物ばかりカゴに入れてレジに並んでしまうことってあるよね？　あらかじめ買い物リストを作ってそのとおりに買えば、つい衝動買いをして予定より高い買い物をすることはないよ。

割引率を計算する

　割引がパーセント表示のとき、値段をかんたんに出す方法を知っている？　まず 10%（パーセント）の割引でやり方がわかれば、ほかの割引率にも応用できる。たとえば下の絵のように、割引されている帽子があるとする。

　10%というのは、全体の 10 分の 1 のことだ。よって、10%がいくらか計算するには、もとの値段を 10 で割るといい。

値引き後の値段は、

2000 円 − 200 円の割引 ＝ 1800 円

　10%の割引分が200円だとわかれば、ほかの割引にも応用できるよ。

割引20%ということは10%の2倍。

割引後の値段は、

2000円 − 400円の割引 = 1600円

割引40%ということは10%の4倍。

割引後の値段は、

2000円 − 800円の割引 = 1200円

割引率早わかり

割引は100分率で考えるより、半分とか4分の1など分数のほうがわかりやすいことがある。よく使われる割引率の換算を記しておこう。

50%引き = 値段の1/2（半額）になる

33%引き = 値段の1/3 安くなる

25%引き = 値段の1/4 安くなる

75%引き = 値段の3/4 安くなる

どれがいちばんお得？

　食料品はさまざまな数量で売られるので、値段に見合った物を見分けるのは難しい。でも、くらべる方法があるのを知っているだろうか。

　食料品や飲料を扱う店は、商品の単価を示すよう法律で義務づけられている。つまり食品１個の値段や１キロ、１リットルにつきいくらかがわかる。

単位価格(単価)の表示を探そう

　値札の下のほうにある単価の表示を探そう。小分けの数量が違っても、単価がわかれば値段をくらべることができる。

オレンジジュース
（1リットル入り）
150円
150円/リットル

オレンジジュース
（2リットル入り）
280円
140円/リットル

こっちのほうが
お買い得だ。

オレンジ1袋
（5個入り）
400円
80円/1個

オレンジ
（バラ売り）
100円
100円/1個

袋売りを買ったほうが
バラで5個買うより
安いね。

服や靴を買うとき

　服や靴を選ぶのは楽しい時間だけれど、買い物に失敗すると高くついて損をする。こんど大きな買い物をしようと思ったら、次のように自問自答しよう。

・ サイズや好みは自分に合っている?

　大きすぎたり小さすぎたりしないかどうか。着心地がよいかどうか。

・ どんなときに着られる服?

　あまり着る機会がない服に、たくさんお金をかけたいかどうか。

・ 洗濯はかんたん?

「ドライクリーニングのみ」の表示が付いている服は、長い目で見ると高くつくかも。

・ 同じような服を持っていない?

　これはほしい服?　それとも必要な服?（27ページを読み返そう）

このような自問自答をして、それでも買うと決めたら次なる問題がこれ。

この値段で
買うのはどうかな？

　この答えは、ちょっと確認すればわかるはず。
　もし店先にいるなら、ほかの店にもっと安い品がないか見てみよう。短時間ならたいてい取り置きを頼めるので、買うかどうか決めるまで待ってもらえる。またインターネットで同じ品を安く買えないか探してみよう。
　オンラインショッピングをするときは、ほかのサイトで特売や割引がないか調べよう。
　このようなリサーチをすれば安心だ。よい品物を選んだと自信をもって買い物をしよう。逆に、今は買うのをやめようと考え直すことができるかもしれない。それならそれで、ほかのものをチェックしたり見てまわる時間ができるし、掘り出し物を見つけやすい特売セールを待つのもよい。

ユーズド(中古)のよさ

　リサイクルショップや古着のオンラインショップ
で、すてきな掘り出し物を見つけることがある。
未使用の服や靴が、定価の何分の1の値段で売ら
れている場合も。

　チャリティショップは服探しにはもってこいの場
所だ。お金の節約ができるだけでなく、慈善活動
に貢献もできる。

　チャリティショップならではのユーズドの組み合
わせで、個性的な着こなしをすることもできる。
上から下まで買いそろえようと思わず、1つか2
つレトロな品を身につけるのもおしゃれだ。

洗面・美容製品を買うとき

　誰でも自分をきれいに見せたいものだし、汗のにおいや口臭は気になるが、よくある「ウソみたいに〇〇！！」というような誇大広告の文句につられてお金をつぎ込む前に、ちょっと待って。

- ・テスターや試供品を使って、買う前に試そう。自分に合った品を買うようにしたい。

・派手な広告につられて高値の商品を買わされないように。美容や身だしなみに関するブログ情報などで低価格の品がないか調べよう。

・肌につけるクリームや香水は、ネットで買わないほうがいい。ドラッグストアなどのリアルの店頭で試せるなら試し、そのあともすぐには買わずに少し待とう。ものによっては肌に合わないかもしれないから。

・友だちどうしで交換会を開き、あまり使わない商品を取り換えっこするのもおすすめだ。

失敗してもいい

　もしお金を無駄にしてしまったと思っても、少額ならそんなにがっかりすることはないよ。誰でも買い物の失敗はする。そういう体験を通してかしこいお金の使い方が身につくと思えばいい。

この章を読んでお買い得品にピンとくるようになっただろうか？　次の特売の値札を見て、どちらがお買い得か考えよう。

（答えは 175 ページ）

(a) 1個買うと2個ついてくる　または　(b) 2つめは半額

(c) 定価の2/3の値段　または　(d) 20%引き

(e) 半額　または　(f) 60%引き

新作服の割引後の値段を出してみよう。

ショートパンツ 3000円 今なら 25%引き

Tシャツ 1500円 今なら 1/3の割引

-------------------------- --------------------------

第7章
オンラインショッピング

オンラインショッピングは、ネットショッピングやネット通販ともよばれる。値段をくらべたり、格安の品物を探してお金を節約したりするのに便利だが、個人情報が漏れるなどリスクを伴うことがある。トラブルに気をつけて、オンラインで安全にショッピングを楽しむにはどうすればいいだろう。

安心して買うために

オンラインショッピングしたいと思ったら、まず何をどこの販売サイトで買うのか保護者に知らせよう。そのうえで、次のアドバイスを参考にしてほしい。

> 必ず信頼できるインターネット回線を使うこと。そうしないと買い物の内容や支払い情報を盗まれる心配がある。

・カフェやショッピングモールなどでフリーのWi-Fi（ワイファイ）*を使った買い物はしないようにしたい。自分の情報がほかのユーザーに知られる危険がある。

- 利用する販売サイトの安全対策を確かめよ
  う。ウェブサイトのアドレスバーの横に南京錠のカギマー
  クが付いているか。もしこのマークをクリックすると警
  告が出るなら、そのサイトにアクセスしないほうがいい。

- 販売サイトの返品のポリシー（方針）をよく確かめよう。
  返品について何も書いていないサイトでの購入は避
  けたい（返品については9章でくわしく説明するよ）。

- 自分が使用するアカウントのパスワードは、大文字や
  小文字、数字を混ぜて作成し、見破られにくいものに
  しよう。

- クレジットカードの詳細情報を「保存」したいか画面
  上で聞かれたら、毎回「いいえ」と答えよう。

- 最後に――買い物は慎重に！ 信じられないほど安
  い商品は、疑ったほうがよい。

* Wi-Fiとは、スマホやパソコンなどのネットワーク接続に対応したデバイスを
  無線（ワイヤレス）でLAN（Local Area Network）に接続する技術。

ネットオークション―あせって入札する前に

　ネットオークションはワクワクする楽しさがあるけれど、お金をつぎ込みすぎるなど調子に乗らないように。お金を予想以上に使ってしまっても返金はない。もし自分がつけた値段で入札が決まれば、その品物を買わなくてはならず、返品することも許されないかもしれない。

オンラインで売る

　不要な物をインターネット上のウェブサイトやスマホのアプリで売るのは便利だし、身の回りが片づくうえに収入も得られる。でも、安全に利用するためには基本的なルールを知ってそれを守ろう。

・ 買い手と直接連絡をとらないこと。必要なら親などの保護者に頼んで代わりにやってもらおう。
・ 売りたい物の写真を撮るときは、自分の姿が写りこまないように気をつける。
・ 販売サイト上にある安全のためのガイドラインをチェックし、必ずしたがおう。

　着なくなった服や本、ゲーム類を売るときは、家族や友だちと一緒に売るのもおすすめだ。

第 8 章
スマホ、ゲーム、アプリの話

　スマホを含む携帯電話は何かとお金がかかる。利用料金はあっという間に増えるし、壊したり、なくしたり、盗まれたりすることもある。かかる費用を抑え、安全に管理するコツを伝えよう。

スマホを買うとき

　広告を見ると最新機種を使いたくなるが、見た目や新機能にまどわされないことだ。あまり高額でない機種を選んだほうが……

- 壊したり、なくしたりしても、大きなショックを受けない。
- 買い替えるときお金がかからない。
- その分、ほかのことに使えるお金が増える。

古い型が意外と使いやすくて性能もバッチリ！

スマホをうまく使いこなすには

・ いつも安全な場所に保管する。

・ ぶつけたり落としたりしても壊れないように、頑丈なケースに入れたりカバーを付け、画面には保護シートを貼る。

・ 画面を開くとき用のパスコードを設定して第三者に勝手に使われたり、中身を見られないようにする。パスコードは見破られないものを設定して使おう（生年月日は危険！）。

・ キャッシュカードやクレジットカードなどの暗証番号や大事な情報は、ぜったいにスマホに保存しない。

・ 交換する必要が起きたときの費用を補償するモバイル保険やスマホ保険に加入しよう。親がそれらの保険に入っていれば、2台までなど家族の分も補償される場合もある。

万が一、なくしてしまったら

・ 親などの保護者にすぐに知らせる。

・ 利用しているキャリア（通信事業者）に連絡し、なくしたことを知らせる。

契約内容を理解しよう

　スマホを含む携帯電話は20歳にならないと自分では契約できない。未成年者は、保護者と一緒に携帯ショップや家電ショップに行き、自分にふさわしいプランを選んで契約できる。契約は、月々の料金プランを決め、契約に応じてメールや電話回線を使用するというしくみだ。契約内容には、インターネットを介してのデータ通信利用料金も含まれる。契約したプランに収まる利用量なら、ひと月にいくら払うかはっきりしている。でも契約内容を超えて使うと超過料金がかかる。定額制（上限付き契約）については次のページで説明するよ。

　契約内容はさまざまな種類があるので、自分の使い方に合わせた契約を選びたい。料金プランは必要に応じて変えられる契約を選ぶ方法もある。

使用状況を確かめながら使う

　自分の使い方が料金プランに収まっているかどうか、時々チェックする習慣をつけよう。もしデータの使用容量を超えて超過料金を払っているなら、容量を増やした契約に変えたほうがよいかもしれない。

ぼくは週末ごとに、確認することにしているよ。

定額制（上限付き契約）について

　契約の中には利用の際、自動的に上限が付く契約もある。これは契約で決めた電話やメール、データ通信のアクセス回数を超えると、その月はもう利用できなくなるというものだ。上限付き契約を取り入れて、予想外の支払いに困ることがないよう対策する家庭もある。

SIM(シム)カードのみを契約

　スマホの契約はたいていデバイス（機器）本体の価格を含むが、デバイスは自分で調達しSIMカードだけの契約をすることもできる。携帯電話会社からSIMカードを受け取りデバイスに挿入し、その使用料を払うしくみだ。

　携帯電話会社とスマホの契約をするより安くなるし、料金プランの変更もかんたんになり、ひと月ごとにプランを見直せる場合もあるとか。

プリペイド式のスマホ

　通信料金のかかりすぎを確実に減らすには、プリペイド式携帯電話を利用するのも手だ。この電話は月契約ではないので年齢に関係なく使うことができる。

プリペイド式携帯電話では、月々の基本使用料を払う必要がない。携帯電話会社に前もって料金を前払いするしくみだ。まずプリペイド式のデバイスを購入し、お金をチャージし、使用した分だけチャージ金額から通話料が差し引かれていく。自分が使うペース次第でかしこく節約をすることができる。

通信料金を減らす工夫

　料金プランを超えてしまういちばんの理由は、データ通信の使いすぎだ。スマホのデータ使用量を減らしたければ、次のようなことを試してみよう。

・ 自宅の Wi-Fi を使って通信し、動画や SNS などは外では見ないようにする。データローミング（通常の契約エリア外での使用）のスイッチや Wi-Fi 環境のないところでの Wi-Fi 設定はオフにする。
・ アプリやゲームは使わないときはオフにする。
・ アプリのプッシュ通知をオフにする。
・ データ量の多い映画、ライブ配信の動画、テレビ番組などを見るときは気をつける。

……など。

ゲームは楽しいけれど

　ゲームにはまってお金をつぎこんでしまう人がいる。ゲームだけでもお金がかかるのに、ディスプレイやキーボード、コントローラー、ヘッドフォンなど、より大きいもの、性能のよい機器の広告につられて、次々とほしくなってしまうのだ。

　目新しいものに「飛びつかない」ように心がければ、かかる費用は大きく変わる。友だちとゲーム機交換会をしたり、インターネットで中古のゲームを探したり、いらないゲームを売ったりなどの工夫をしてみよう。お金をかけなくても、ゲームをより楽しくする方法はあるはずだ。

かくれ費用にご用心

　ダウンロード無料のゲームアプリは、最初ただでも後々お金を払わされるしくみになっていることが多い。ゲームがちょうど盛り上がってきて乗りに乗っているとき、ゲームのレベルをアップしたい？とか、対戦に勝ってプレイヤーを取り戻したい？とか、新しいアイテムを買いたい？などというメッセージがスクリーン上に表示された経験があるだろう。いくらお金がかかるかよく考えずにうっかりと、「今すぐ購入」をクリックしてしまわないよう気をつけて。

アプリ内購入はこわい

　アプリ内にあるストアに会員登録をすると、クレジットカード情報も登録することになる。「購入」をクリックするたび、費用は自動的にそのカードを通して引き落とされる。するといつの間にか費用がかさみ、親のカードを勝手に使ってお金を払っているという実感がないまま、数万円も使い込んでしまったということは起こりがち。

　さいわい、アプリ内課金で費用を抑える方法がある。ゲームプリペイドカードを申し込み、一定額を入金しておけば、使える金額が決まっているので支払いがその限度を超えることはない（プリペイドカードについては116ページでくわしく説明するよ）。

「お試し」無料に注意

　ダウンロード無料のアプリは、実は有料会員への誘導であることが多い。

　アプリを無料で体験できるのはいつまでかよく確認しよう。たいていひと月で区切り、その後は月々の支払いがかかるしくみが多い。

　無料期間の期限をよく確かめ、期間内であれば登録を解除できることも覚えておこう。放っておくと料金が発生し、クレジットカードを通して自動的に銀行口座からお金が引き落とされることも起こりうる。それに会費を払い始めると、やめるときにキャンセル料を取られることもある。

もっと金をくれよ、今すぐ！

第9章
慌てずにすむ
返品・返金の心得

　買い物に慣れている人でも失敗はある。とくにネットショッピングは難しい。買ってはみたものの、商品に不具合があったり、サイズや色が思っていたものと違ったり、まったく予想外のものが届くことがある。でも、あきらめてお金を無駄にすることはない。この章を読んで、買ったものを返品したり、お金を返してもらったりする方法を身につけよう。

この帽子、もっと小さいと思った！

買う前にしておきたいこと

　お金を払う前に、まず返品できる品物かどうかを確認しよう。

・ 店で買うなら支払う前に返品方法を聞こう。レジのそばに返品方法について掲示しているところもある。
・ ネットショッピングなら、注文する前に「返品」の項目を探して注意深く読もう。
・ 下着やアクセサリー、食品などは、返品不可であることが多いので注意。

特売品は気をつけて

　在庫一掃セールなどのときは、返品の扱いがふだんと違う。返品期間が短かかったり、返品不可の場合があるからよく確かめよう。

レシートは大切に

　返品したいときは、買った証拠（購入証明物）としてレシートが必要になる。最近は電子レシートをメールしてくれる店もあるが、まだ紙のレシートの店が多い。返品にはふつう2週間とか1か月など期限があるので、その間はレシートを捨てずにわかるところに保管しておこう。電子レシートのデータも保存しておくといい。

　レシートをなくしても、返品を受け付けてくれる場合もある。ただ返金するだけではなく、返品伝票（その店限定で使える金券）をくれるかもしれない。

レシートを
なくさない場所に
取っておくんだった。

返金と返品伝票

　返金とは、自分が支払った分の金額を払い戻してもらうこと。買った物に不備があり、購入を証明する物も取ってあり、店の返品ポリシー（方針）に基づいて送り返せば、お金を返してもらえる（返品のやり方は84ページ参照）。

　もし自分の気が変わったなど、こちらの理由で返品するときは、返品伝票をもらうかもしれない。ネットショッピングの場合は、商品が送られてきた箱に同封されている場合が多い。ちなみに返品伝票（クレジットバウチャー）は、キャンセル伝票や取消伝票ともよばれる、処理済の伝票を取消すために発行される伝票のことだ。返品した物と同じ値段の物を買うのに使える。たいてい買った店かそのチェーン店でしか使えず、利用期限が決まっている。

返品伝票、使い忘れに注意

・ 期限内に使おう。その金額分がむだになってしまうからね。

・ ちゃんと保管しておこう。なくしても再発行はしてもらえないよ。

返品するとき

　返品や返金に応じてもらうには、決められた条件を守らなくてはいけない。

・返品できる期間を確認しよう。

　期限を過ぎてから返品しようとしても返金は受け付けてもらえない。

・手続きの条件があればそれにしたがおう。

　返品の際は、買ったときの状態、もちろん値札やラベルのタグはつけたまま、という条件がついていることが多い。つまり返品する服や靴は身につけてはいけないということ。新しい靴を戸外ではけば、わずかでも靴底が汚れてしまい、返せなくなるかもしれない。

これじゃ、
お金を返して
もらえないよ。

・ ネット通販の買い物は、届いたとおりに包みなおして返品する。

　包装を開けて早く中身を見たいけれど、送り返すかもしれないことを考え、ていねいに開けよう。

レシートを読んでみよう

これは買い物をした日付け。
この日付けで返品期限が証明できる。

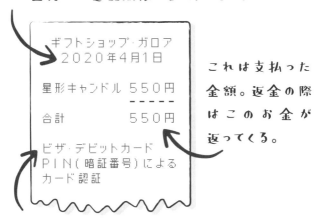

これは支払った金額。返金の際はこのお金が返ってくる。

ここにVISAなどカード会社のクレジットカードで払ったと書いてあると、返金の際に買い物した金額が使用したカードとひも付けられている銀行口座に振り込まれる。もし現金で買えば、現金で払い戻される。

第10章
お金をかけない楽しみ方

友だちと遊びに出かけるのは楽しいけれど、お金を使いすぎてしまうことがある。この章ではお金をかけずにいろいろ工夫して楽しむ提案をするよ。

何しようかな……

家で遊ぶか出かけるか

どこかへ出かけなくても、楽しい時間を過ごすことはできる。友だちと楽しく「うちで遊ぶ」工夫をしてみよう。お金の節約になるし、「出かける」ことが特別なイベントに思えてくるのもなんだか楽しい。次ページを参考にしてね。

出かけるときは金額を決めて

外出の際、思った以上にお金を使ってしまうことがある。友だちとどこかへ出かける計画をしたら、使う予定の金額を前もって相談して決めておこう。

いくらまで使うかを決めておくと、費用を気にせず安心して楽しめるし、むだ遣いすることもない。

家で楽しむ
5つの低コストプラン

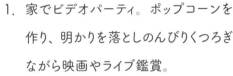

1. 家でビデオパーティ。ポップコーンを
   作り、明かりを落としのんびりくつろぎ
   ながら映画やライブ鑑賞。

2. リビングでカラオケ。ステージを作って
   好きな歌で思いきり盛り上がる。

3. 物作りやお菓子作りのワークショップ。得意な
   工作やお菓子レシピがあれば、友だちへの
   プレゼント作りでお金も節約。

4. ボードゲーム大会。中古ショップでゲームを安く
   手に入れよう。少人数でも大人数でも盛り上が
   れるよ。

5. ダンスコンテスト。好きな音楽の無料動画を流し
   ながら、振り付けを完全コピーしたり、自己流の
   振り付けを工夫して楽しもう。

節約のヒント

　出かけると費用がかさむのは、外食に伴う飲食代がかさむためであることが多い。ちょっとした工夫があれば、使うお金は減らせる。

出かけるときは水筒に飲み物を入れていくの。お金がかからないしゴミを出さないから環境にもいいでしょ。

ぼくはうちにあるごはんで作ったおにぎりやお菓子を持っていって、友だちとシェアするよ。

スムージーはうちで手作りするの。とっても安上がり！

コーヒー代の節約になるから、ホットドリンクは持参することにしているんだ。

映画館に行くときは食べ物や飲み物代にお金をかけないようにしているよ。映画館内で買うと高いから。チケット代を超えたらきついよね！

（ペットボトルの持ち込みができる映画館もあるが、日本の大手映画館では飲食物の持ち込みは原則禁止）

外食について

　レストランやカフェなどで食事するとき、「本日のスペシャル」など特売メニューを出す店を探すなどひと工夫してみよう。たとえば……

・ ハッピーアワー（日本だと午後5時くらいから7時まで安い価格でドリンクを飲めるサービス）メニューのあるレストランをチェック。

・ チェーン系のファミレスなどでくれるクーポン券を使う（ただし注文する前によく確かめよう。思ったほど安くないときもある）。

・ アプリで検索し最寄りの店の値段をくらべる。

（会計時、特別提供品や割引メニューが正しく適用されているかどうかもよく確かめよう）

戸外で楽しむ
5つの低コストプラン

1. 究極！　公園でボール遊び

2. 友だちとサイクリング・ツアー

3. 無料の博物館や美術館めぐり

4. インターネットで地元の無料イベントを検索

5. 家族割引など優待券を発行している催しを探す

第11章
プレゼントを贈るとき

　誰かのためにお金を使うと、人に喜ばれ自分もいい気持ちになれる。プレゼントがわりに、友だちにジュースやお菓子をごちそうしてあげるのも、お互いが楽しいものだ。では、出費をなるべく抑えつつも、思いを伝えるプレゼントを贈るにはどうすればいいだろうか。

大切なのは気持ち

　友だちの誕生日のたびにお金をかけなくてもいい。時間と手間をかければ工夫次第で自分らしい物が作れる。以下のアイディアを参考にお金を有効に使って贈り物を考えてみよう。

・ 手作りのフォトフレームに思い出の写真を入れる。
・ 飾りつけをしたかわいいガラスびんに手作りクッキーをつめる。
・ 植木鉢に色をぬり、ハーブを植える。
・ 自分で撮った写真でカレンダーを作る。
・ バースデーケーキや手作りのお菓子を作る。

バースデー・プロミス（誕生日の約束）

　完ぺきなプレゼントを贈ろうとするあまり、何を贈るか決められなくて困ることがある。どうしても思いつかないときは、「楽しい約束」をするのはどうだろう。その人が喜びそうな約束を考えてみよう。そして決めた約束をカードに書いて渡してごらん。

　あなたの誕生日に約束！

あなたのために
スペシャル演奏

朝食やランチ、
ディナーを
作ります

家じゅうをとことん掃除するよ

きみのためだけの
オリジナルストーリー
を書こう

プレゼント予算を立てよう

　プレゼントを買おうとしてお金が足りなかったことはないだろうか。そうならないためにも、ふだんからプレゼント予算としてお金を貯めておくといい。

　1週間に使うお金の振り分けをするとき、プレゼント代という項目を加えてみよう。毎週決まった額を貯めると、いざ友だちにプレゼントを買うときに助かる。

プレゼント代として
週３００円
貯めているの。

来月は誕生日の人が多い
から、今月は毎週６００円
ずつ貯金しているんだ。

第12章
チャリティ活動

　チャリティ活動にお金を使うのは困っている人たちを支えたり、環境や野生動物の保護に協力できたりするなど有意義な使い方だ。社会の役に立つことはやりがいにもなるし、チャリティ活動に熱心に取り組むのは、お金持ちでなくてもいい。なぜなら……

・ 自分が支援したい理由に合わせ、好きな額を決めて寄付すればよい。
・ 買い物を通じて寄付をすることもできる。
・ 特に応援したい支援先があれば、自分の時間とエネルギーを費やして資金集めをするという方法もある。

ぼくはカード作りをして売ったお金を寄付にまわしているんだ。

私はなるべくフェアトレード※商品を買うことにしているの。

※開発途上国の原料や製品を適正な価格で購入することにより、開発途上国の生産者や労働者の生活改善と自立を目的とする貿易のしくみ。

私は（資金集めの）スポンサー付きマラソンイベントに毎年参加しているんだ。

ぼくは野生動物基金に寄付しているよ。

資金集めのために開くファッションショーを手伝っているのよ。

ぼくの服はチャリティショップで買うことが多いよ、服代は慈善活動に使われているはず。

募金活動

　チャリティのために寄付を募るのはいろいろと勉強になる。しかも想像以上に楽しい活動だ。友だちと興味がもてる募金活動を考えてみてはどう？

1. 近所の人や知り合いの洗車をするチームを組んで請け負う。

2. 歌やダンスのチャリティ・ショーを企画。

3. スポンサー付きマラソンや水泳、合唱のイベントを企画。

4. 手作りパンやスイーツの即売会を開く。

5. 地域のイベントにフェイスペイントなどのブースで参加。

お金の扱いに慣れるよ

チャリティで寄付を募る活動は大事な支援先を応援できるばかりか、お金を扱う貴重な経験にもなり、将来きっと役に立つよ。

スポンサー（後援者）を見つける

　チャリティ資金を増やすには、スポンサーを見つけるのもいいやり方だ。地元の店や会社をまわり協力を呼びかけてみよう。

- ・活動にかかる費用の一部を負担してくれるかもしれない。
- ・食べ物や機材を寄付したり、賞品となる品物を提供してくれるかもしれない。
- ・募金呼びかけ額に相当するお金を出してくれるかもしれない。

　後援の見返りに、店や会社の名前をイベント・サポーターとして目につくところに提示するといい。ポスターやチラシにはスポンサー名のほか、イベントの主な情報を正確に記載することも忘れないように。

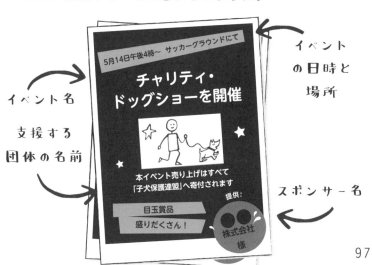

イベントの日時と場所

イベント名
支援する
団体の名前

スポンサー名

5月14日午後4時〜　サッカーグラウンドにて

チャリティ・
ドッグショーを開催

本イベント売り上げはすべて
「子犬保護連盟」へ寄付されます

目玉賞品
盛りだくさん！

提供：
株式会社
　　　様

第13章
貯金を始めよう

　貯金があればなにかと安心。少しずつでも貯めていくと、こんな嬉しいことがある：

- 本当にほしい物を買う計画が立てられる。
- プレゼント代の費用にあてることができる。
- 思わぬ出費があったときに困らない。

貯金でなんとかなるわ。

まずは少しずつ

　余分なお金などないと思っても、貯金は始められる。毎週、または毎月、取り置きできそうな金額を決めて実行してみよう。ポイントは、実際に貯められそうな額にすること。そして始めたら途中であきらめないこと。そうすれば貯金はみるみる増えていく。

習慣にするといい

　1日の終わりに、ポケットや財布を調べて小銭を見つけたら、貯金箱やガラスびんなどに入れておこう。少しずつでも貯まればそれなりの額になるよ。ひと月続けてどれくらい貯まったか数えてごらん。このお金は特別な買い物に使ったり、貯金の足しにしたりできる。

計画的な貯金のしかた

　目的は何であれ、貯金の計画を立ててみよう。まず、貯金の目標額を決める。次に毎週いくらずつ貯めればよいのか、そしてどのくらい続ければ貯まるのかを計算する。

　目標額を決めたのち、計画の立て方には2通りあるよ。

（1）毎週いくら貯めたいかを決め、その額でどのくらいの日数がかかるかを計算する。

私の目標額は5000円。
もし毎週500円ずつ貯めれば、
10週間かかるな。

500円
× 10
=5000円

（2）何週間で貯めたいかを決め、毎週いくら貯め
　　　ればよいかを計算する。

5000円貯めるのに10週間もかけたく
ないから、ぼくは1週間に1250円ずつ貯
めよう。そうすれば4週間で貯まるんだ。

5000円
÷　　　4
=1250円

　目標額に達した満足感は大きい。
いちど貯金に成功すれば、次からも
うまくいくようになる。

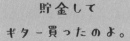

貯金して
ギター買ったのよ。

予算表に貯金の欄を付け加える

　上手に貯金するために、週ごとの予算表を利用してはどうだろう。

　ユウマは毎週、収入と出費の記録をつけている。

収入		出費	
おこづかい	1500円	昼食×2	900円
ペットの世話	800円	バス代×2	400円
合計	2300円	合計	1300円

出費は1300円、残り1000円はほかのことに使えるな。

2300円
−1300円
=1000円

収入	出費	好きに使えるお金
2300円	1300円	1000円

＊予算表については34ページで確認しよう。

好きに使うお金を
５００円にしておけば、
残り５００円は貯金に
まわせる。

1000円
−500円
=500円

収入	出費	好きに使えるお金	貯金
2300円	1300円	500円	500円

毎週５００円の貯金を
１２週間続ければ、
６０００円！ほしかった
靴を買えるよ。

500円
× 12
=6000円

予備費とは

　目的のある貯金とは別に、予備のお金が少しあると、お金が急に必要なとき、たとえばスマホが壊れて直すとか、バスに乗りそこなってタクシーを使うなど、急な出費を要するとき助かる。

　予備費があると急に使いたいときに自由に使え、よいと思ったことにお金をかけられる。

　予算を立てるときに、毎月ちょっぴりでも取り置きするお金を考えてみよう。取っておいたお金が減ったら補うというやり方でもいい。

貯金を増やそう

　貯金を習慣にするといい。週末お金が残ったら、貯金にまわそう。もしお祝いなどでお金をもらったら、一部でも貯金しておくことをおすすめする。

銀行に口座を開く

　ある程度長い間、貯金しようと考えるなら、銀行に貯蓄預金口座を開設することを考えてみよう。銀行や口座については 14 章でくわしく説明するよ。

かんたん貯金クイズ

貯金の計算をしてみよう。

（答えは 175 ページ）

（a）週に 800 円ずつ貯めてプレゼントを買おうと
思ったら、5 週間でいくら貯まる?

（b）8000 円のパーカーを 8 週間の貯金で買いた
いとき、毎週同じ額を貯めるなら、いくらずつ
貯めればいい?

(c) 3万円の自転車を買うために毎月1000円ず

つ積み立てようと考えている。ラッキーなことに

誕生日に5000円もらったので、これを足せば

自転車は何か月後に買える?

第14章
銀行のこと、知っている？

銀行に口座を開設すると、次のような利点がある。

・ 銀行が自分のお金を安全に管理してくれる。
・ 口座にいくらお金があるのかいつでもチェックでき、
  お金の出し入れも記録してもらえる。
・ 銀行にお金を預けると、預金したお金に対して利
  息*がつく（117-118ページを参照しよう）。

銀行に口座を開設するには

　この本が書かれたイギリスでは15歳以上の人
は、当座預金（決済用。以下、普通口座）と貯蓄
預金の2つの口座を開設できる。日本も、15歳未
満は親権者が銀行窓口に行って、普通（預金）口
座と定期預金（貯蓄用）口座を開設するのが一般
的だ。18歳以上だと、必要なものがそろっていれ
ば、自分で開設することができる。

　口座開設に必要なものは、親の身分証明書（運転
免許証、パスポート、健康保険証、住民票の写し、

＊ 利息…お金を預けた人に対して支払われるお金、一定割合の礼金。いわば、
　お金の貸し賃。

個人番号カードなどの本人確認資料）、子どもの身分証明書（健康保険証、住民票の写しなどの本人確認資料）、印鑑、入金するお金だ。入金するお金は１円から開設できるところがほとんど。また、キャッシュカードで使う４桁の暗証番号も考えておこう。自分の生年月日など個人情報を設定せず、番号は他人に教えないこと。キャッシュカードは主にお金を引き出すときに使うので、親に預かってもらい保管してもらうのが安心だ。

どの銀行を選ぶか？

銀行には地方銀行、都市銀行、ゆうちょ銀行、ネット専業銀行などさまざまな種類がある。受けられる基本的なサービスはそれほど変わらないが、取引の条件は少しずつ違う。この章ではいくつかの口座を紹介するので、自分や家族の必要に応じて選ぶといい。

若者向け銀行口座って？

　イギリスには若者向けの銀行口座がある。お金の管理を始めようとする子どもの代理として親権者などが運用管理する口座のことだ。口座を開くと預金（自分の口座にお金を入れる）と出金（自分の口座からお金を出す）ができるようになる。日本だと「ジュニアNISA」という未成年向けの（少額投資用）非課税口座があるが、若者も普通預金と定期預金の口座を開設するのが一般的だ。

・ 何歳の人が使えるの？

　イギリスでは、だいたい 11 〜 18 歳まで。18歳になると、銀行がたいてい通常の普通口座に移し替えてくれる。

　日本では、ジュニアNISAの場合は、0 〜 19 歳までが開設できる。普通預金口座と定期預金口座の場合は、108ページ参照。

・ 口座への振込みは誰でもできる？

　誰でもできるので、アルバイトを始めたら給与を自分の口座に振り込んでもらうこともできる。

・ 出金はできるの?

　イギリスの場合、また、日本の普通預金口座や定期預金口座については可能だ。しかし、「ジュニアNISA」は、18 歳までは出金に制限がある。

・ ネットバンク*やネットバンキング*を利用できるの?

　イギリスの若者向け口座では日本の一般の口座と同じようにパソコンやタブレット、スマホを通じて銀行とやりとりできる。

　また、日本では、若者（18 〜 29 歳）をターゲットにした口座開設キャンペーンとして、Web 口座を対象にするケースがよく聞かれる。

・ キャッシュカードはもらえるの?

　口座利用者にはキャッシュカードが発行され、自分の口座からお金を出し入れするのに使える。これはイギリスでも日本でも同じだ。デビットカードが申し込める口座もあり支払いに使えるが、イギリスだと 16 歳以下、日本だと 18 歳以下の場合は、銀行が親の許可を求めるのが一般的だ。

* ネットバンクとネットバンキング…ネットバンクはネット上にだけあるネット銀行。ネットバンキングは実際に店舗がある銀行が提供しているサービス。

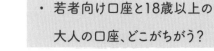
　イギリスの若者向けの口座ではふつう貸越しは
できない（貸越しについては146ページを参照）。
口座の残高がなくなれば、お金をそれ以上引き出
すことができないしくみになっている。これは安
全上大事な措置で、そうしないと借金がかさんだ
り、借入れ金そのものを払うのが大変になったり
する。

　ほかには、たとえば、出金額に月々の上限を設
けられる場合がある。一定額のお金を使うと、そ
れ以上出せなくなり、カードも使えない。上限付
き口座は支出を抑え、お金を一度に使いきること
がないようにしたいときに役に立つ。

キャッシュカードについて さらにくわしく

　銀行口座を開くと、キャッシュカードを受け取り、暗証番号（イギリスでは PIN* コード・個人識別番号）を設定する。

- ATM*（現金自動預け払い機）は、自分の口座からお金を払い戻したり預けるのに使える。
- CD*（現金自動払い機）は、自分の口座からお金を払い戻すのに使える。
- お金の引き出しのほか店やショッピングの支払いにも使えるデビットカードが受け取れる口座もある。

暗証番号は大切に保管

　自分の暗証番号は人に知られないようにしよう。しっかり覚えておき、友だちにも教えたりしてはいけないよ。また、生年月日や電話番号の一部など個人情報を使用しないこと。

＊ PINはPersonal Identification Numberの略。
＊ ATMはAutomated Teller Machineの略。
＊ CDはCash Dispenserの略。

お金を引き出すとき

　ATMはお金をかんたんに引き出せて便利だが次のことに注意しよう。

・ 暗証番号を画面入力するとき、後ろから人に見られたりすることがないように。
・ 引き出したあとに残高（口座に残っているお金）を確認する習慣をつけたい。その都度、通帳記入するのもおすすめ。

利用手数料に気をつけて

ATMでお金を払い戻したり預金したりすると
き、自分の使っている銀行だと決められた時間内
は無料だが、違う銀行やコンビニで引き出す場合
や、夜間だとお金がかかる場合がある。ATMを使
うときは、利用時に手数料が発生しないかよく確
認しよう。

カードをなくしたらすぐに通報

もし自分のキャッシュカードをなくしたらすぐ
対策をとったほうがよい。銀行に電話し第三
者にカードを使われないように利用を止めて
もらおう。親に連絡してもらってもよい。カー
ドでの取引が止まれば、そのカードは誰も使
えなくなる。カードは手続きをすれば
後日、再発行してもらえる。

銀行のプリペイドカード

　お金の使いすぎを防ぐのに、口座のある銀行のプリペイドカードを使うという方法がある。プリペイドカードにあらかじめ自分や親がいくらまで使いたいか（使わせていいか）金額を決めてチャージしておくと、クレジットカードのように加盟店で支払いができる。ただし入金された金額を使いきれば、お金を追加しない限りカードを使えなくなる。

　プリペイドカードは旅行のときは特に便利だ。大金を持っていくよりカードのほうが安全だし、非常時には親に頼んでインターネットを通じて入金してもらうこともできる。

貯蓄預金口座って?

　イギリスの場合、貯蓄預金口座を利用すると、安全に貯金できてお金も増やせる（利息）。イギリスの若者向け口座では銀行によって利用は 15 歳までだったり 17 歳までだったりとさまざまで、その年齢に達するとお金は大人の口座に移し替えられる。

　日本では低金利の現在、普通預金と金利は変わらず、口座引き落としなどが出来ないデメリットを考えると普通預金が主流だ。

　また、日本では、貯金などすぐに使う予定がないお金を銀行に預けるとき、定期預金を選ぶことが多い。118 ページでくわしく説明するよ。

定期預金って何?

　定期預金は預け入れから一定期間、お金が引き出せない条件がつく預金のこと。その条件と引きかえに、通常は普通預金よりも金利が高いので、そのぶん利息がつく。

　預金につく利息はイギリスやアメリカでは AER（Annual Equivalent Rate）、日本では年換算率といい 1 年ごとに換算され加算される。この利率をくらべて預金する銀行を検討するとよい。利率が高いほど、預金につく利息は増えるからだ。でも、預金の際の利率は、借りたお金を返すときの利率にくらべるとはるかに少ない。この利率は APR（Annual Percentage Rate）、実質年率といい、148 ページで説明する。つまり、10 代にとっては大きな預金額、たとえば 20 万円くらい預けないと、利息による利益は見込めないということだ。とはいえ、全く利息がつかないよりはいいだろう。すぐに使う予定がないお金を銀行に預けるなら、定期預金を選ぶことを検討しよう。

オンラインでの銀行取引

　最近では、多くの人がインター
ネットで銀行取引をする。ネッ
トバンクとネットバンキングの
いいところは……

- パソコンやタブレット、スマホなどのデジ
  タルデバイスで自分の口座を管理できる。
- 口座の預金残高をいつでも確認できる。
- 口座にいくら振り込まれたかなど、送金の状況が
  わかる。
- 他の口座へ振込みをしたいときは、その口座の詳
  細を入力すればどこからでも送金できる。
- 公共料金などの支払いや月々の引落とし（支払い）
  を設定できる（利用料金の支払いについては17
  章でくわしく説明するよ）。

オンラインでの銀行取引、
サービスあれこれ

　ネットバンクには、利用しやすい便利な工夫がある。スマホやタブレットで取引ができ、さまざまな特色がある。一部を紹介するよ。

・ お金を使いすぎたときは警告のサインが出る。

・ 毎週一定額の貯金を促すようなプログラムがある。

・ 用途別に買い物の記録がつき、自分の買い物の傾向を振り返ることができる。

残高が残り少なくなると警告メールが来て、助かるよ。

オンラインでの銀行取引は安全？

　ネットバンクとネットバンキングは従来の銀行とはちがう注意も必要だ。

- ログイン情報はぜったいに他人に知られないようにする。
- ネットバンクとネットバンキングのパスワードは、ほかのウェブサイトでは使わない。
- カフェや店など外出先のフリーWi-Fiを使って銀行口座へログインしない。ほかのユーザーに自分の個人情報を盗まれる危険があるからだ。

詐欺に注意

　詐欺を働く犯罪者は電話やEメールで連絡を取り、銀行口座のログイン情報を盗もうとする。あたかも銀行から来た通知に見せかけ口座のログイン情報を要求したり、パスワードを入力させようとしたりする。もし、このような連絡が来てもだまされて返信してはいけない。怪しいと思ったら親などの大人に確認してもらうこと。決してログイン情報を教えないことだ。

第15章
仕事と給与

　高校を卒業すると、新しい環境で暮らす人が多いだろう。フルタイムの仕事に就くかもしれないし、見習いとして経験を積むかもしれない。大学に進学して勉学を続ける人もいる。どんな道に進むにしてもお金との付き合い方は自分で考え、選び、決めていくようになる。この章では仕事と給与について話し、次の章では学資ローンについて説明しよう。

インターンシップとは?

　インターンシップとは学生が企業で一定期間働くことができる、いわば「職業体験」。仕事と勉強につながる体験を組み合わせた制度。実習生は学びながら実務研修（職業訓練）を積む。実習生には時間に応じた賃金や月給が支払われ、勉強するための休日ももらえる。期間は数日の短期間のものから数年の長期間のものまである。

フルタイムの仕事を始めると

　フルタイムの仕事に就くと、定期的に給与を受け取るようになる。

・ 時間給で受け取る場合

　時間給は、1時間単位で決められた給与を働いた時間に応じてもらうこと。ひと月ごとにまとめて受け取ること（月給）が多いが、1週間分（週給）、または1日分ずつ支払われる（日給）場合もある。

・ 固定給を受け取る場合

　固定給は、毎月決まった金額が支払われる給料のことだ。固定給は本人の銀行口座に直接振り込まれることが多い。

> 時間給や固定給以外の形で
> もらう給与もあるよ。
> 127ページを見てね。

最低賃金とは?

多くの国では時間給に対する最低賃金を政府が決め、雇用者がそれを下回る賃金で雇うのは違法とされる。日本では、公益代表、労働者代表、使用者代表の委員で構成される最低賃金審議会で議論し、都道府県労働局長が決定している。よって、都道府県ごとに最低賃金は違う。

年収とは?

1年間にもらう給与を年収という。でもこれは実際に使える金額とは違う。収入から所得税などの税金を納める前の金額を指すからだ。税金などの支払いについては128ページを参照しよう。

私の年収は300万円、でも手取り賃金は235万円よ。それに月々、家賃、光熱費、通信費、奨学金など、13万円の支払いがあるの。

労働時間のこと

　イギリスでフルタイムで働く人の労働時間は、ふつう1週間に30時間から40時間。日本だと年間で1998時間（2019年日本経済団体連合会調べ）、1週間だと約42時間とほぼ同じだ。

　しかし、たとえば医師などは規定時間以上の勤務を求められることも多い。自分の労働時間については雇用のときにかわす契約書に記される。

オンコールワーカーとは？

　一般的に、仕事の契約は、毎週決まった労働時間が保証されている。しかし、イギリスなど欧米でオンコールワーカーと呼ばれる事業主に合わせて不定期に短時間の就労をする契約労働者にはこの保証がない。仕事がまったくない週だってある。この契約だと、収入が安定しないまま働くことを余儀なくされてしまう。日本では、日々雇用される日雇い労働者がこれに近い存在だ。

残業について

　残業とは時間外労働のこと。契約で決められた時間よりも長く働くことだ。通常の労働時間でもらう賃金レートより高く支払われることが多い。また週末や夜などに残業をするとプラスアルファで手当が付くこともある。

　また、残業時間分の賃金をお金でもらわない人もいる。代わりに働いた時間分を埋め合わせる休暇を取るのだ。それを振替休暇（代休）と呼ぶ。

職種と賃金の関係

　仕事によって給料の受け取り方はさまざま。話を
聞いてみよう。

フリーランスのデザイナーをしてい
ます。時間単位でお金をもらうこ
ともあれば、案件ごとに払っても
らうこともあります。

私は自分で事業を立ち上げた事業主
です。仕事で得た収益から自分に対
してだけでなく、雇っている人たちに
も給料を払います。

額装業(表具屋)をしています。装幀す
る額縁には値段がつけてあり、それ
をお客様に払っていただくのです。

私は車の営業販売です。1台売るた
びに給料とは別に特別手当がつく
のは嬉しいですね。

127

実際に受け取るのはいくら?

　給与は、すでに述べたように得られるお金そのものではない。ここには控除額、つまり政府やほかの機関から差し引かれるお金も入っているからだ。

　給与明細書をよく見ると次のような項目がある。
- 月ごとの給与総額
  控除額を差し引く<u>前</u>の給与
- 月ごとの純収入
  控除額を差し引いた<u>あと</u>の手取り給与
- 所得税
- 社会保険料の支払い額
- 仕事をもつ人は国に支払う

　ほかにこのような項目が記載される場合も……
- 学資ローンの支払い額(16章を参照)
- 住民税の支払い額

所得税とは？

　所得税は国が病院や学校、警察など公共サービスのため、収入に応じて徴収する税金だ。

　税金は収入が一定額に達すると納めなくてはならず、金額は毎年国が決める。

　所得税は収入に応じた税金で、収入が多ければ多いほど高くなるしくみがとられている。

社会保険とは？

　社会保険は働く人の収益から徴収され国に支払われる。日本では、健康保険、年金保険、介護保険、雇用保険、労災保険の5種類がある。

年金の支払い

　若いときは老後の生活をイメージするのは難しいが、将来への備えを始めるのは早いほどいい。

　イギリスではフルタイムの就労者が一定の収入基準を超えると、年金を貯蓄することが奨励される。22歳以上で年収が1万ポンド（約133万円）あれば、職域年金（企業年金）の分担額の支払いを求められる。制度から脱退する意志を示さないと、この分担金は給与から天引きされる。職域年金制度は雇用主も毎月の分担額を支払うものだが、老後の貯金を増やすには確実な方法だ。

　日本では、20歳以上になると国民年金という公的年金の制度への加入が義務づけられている。若いときにこの制度に加入して保険料を納め続けることで、歳をとったとき（老齢基礎年金）、病気やけがで障害が残ったとき（障害基礎年金）、家族の働き手が亡くなったとき（遺族基礎年金）に年金を受け取ることができる。ただし、保険料を未納のまま放っておくと受け取れない場合があるので気をつけよう。

これぞ
わが人生！

第16章
大学生の教育資金調達

　イギリスでは大学などに進学した場合、スチューデント・ローンズ・カンパニー（SLC）に学費の融資（学資ローン）を申し込み、奨学金を得ることができる。大学の履修にかかる基本的な費用を賄う学資ローンには、ほとんどの学生が申し込む。授業料は大学へ直接支払われるしくみだ。

　日本では、日本政策金融公庫という国の教育ローン制度が知られている。また、独立行政法人日本学生支援機構（JASSO）はじめ、大学や短大が行う学内奨学金制度や都道府県や市区町村等が行う奨学金制度がある。

　日本政策金融公庫が扱う「国の教育ローン」は、中学校卒業以上の人を対象とする教育機関が対象となる。学生1人につき350万円までで、固定金利、長期返済、無担保の3つが特徴だ。

　上記の公的機関が取り扱う教育ローン以外に、銀行やその他の金融業者が取り扱う教育ローンがあるが、その場合も金利や返済期間などの条件をよく確認して、余裕のある返済計画が立てられるか、しっかり検討してみよう（第19章参照）。

奨学金と国の教育ローンの違い

　独立行政法人日本学生支援機構の奨学金は、学力基準等を満たす学生本人に対して、進学先に入学後、分割して毎月定額を貸してくれる。申し込みには決められた時期があり、申し込み窓口は在学中の学校になる。限度額は、第一種奨学金（無利子）は、私立大学で自宅通学の場合、月額2～4万円または5.4万円だ。第二種奨学金の場合、月額2～12万円から選べる。返済方法は、卒業後に学生本人が毎月決まった額を返済していく。

　国の教育ローンは、生徒・学生の保護者に対してまとまった金額が一括して融資される。奨学金と違い、融資の条件に学生本人の学力が問われることはない。また、入学前でもいつでも申し込むことができ、申し込み窓口は、日本政策金融公庫の各支店、銀行、信用金庫などの日本政策金融公庫代理店だ。限度額は、子どもひとりあたり350万円以内。ただし、海外留学資金の場合、450万円以内となっている。返済は、学生本人ではなく保護者が行う。

奨学金と国の教育ローンの使いみちは?

　奨学金も国の教育ローンも、学費だけに使わなければならないという決まりはない。入学金や授業料などの学校納付金で使う以外には、受験料や交通・宿泊費など受験にかかった費用、教科書代やパソコン代などの教材費、通学費用、一人暮らしや寮に入るための住居費用（敷金、礼金や家賃、寮費など）、20歳以上から払うことになる国民年金（130ページ参照）の支払いのためにも使われる。また、生活費やクラブやサークル活動費として使う学生もいる。

就職が決まって働き始めたら、奨学金の返済を始めるんだ。

　一部の奨学金の中には、学費や進学にかかったお金の証明書の提出が必要な場合もあるので、使いみちは明確にして記録しておくといいだろう。生活費などの銀行口座と奨学金が入金される口座を分けておくと、わかりやすい。

学資保険って何？

　保護者の中には、あなたが生まれたときやまだ小さなころに、先々の高校や大学への進学に備えて、学資保険と呼ばれる保険に入っている人がいるかもしれない。学資保険とは、子どもの教育資金を準備するための貯蓄型の保険のことだ。

　将来、受け取ることができるお金を設定し、その金額に応じて毎月決まった額の保険料を支払い、先々必要とするときに進学準備金や満期学資金を受け取ることができる。たとえば、急に中学校から私立に進学することになって入学金や授業料が必要になった場合、15歳で一部のお金を受け取ることもできる。もちろん、大学入学前に満期となったお金を受け取ってもいい。

　万が一、突然の事故や病気で契約者である親が亡くなった場合、それ以降の保険料の支払いが免除となり、保証が継続されて子どもが学資金を受け取ることができるのが大きな特長だ。

アルバイト

　休日など時間をやりくりしてアルバイトをする学生もいる。お金が増えれば生活費は助かるし社会勉強になるが、勉強と仕事を両立させなくてはならないことをお忘れなく。

学生割引

　映画館、美術館、博物館などで学生証を見せると、学生料金で利用することができる。社会人になっても学生であり、学生証を持っていたら同様の割引が受けられる。また、学生向けの格安旅行ツアーなどの企画もある。割引の特典にはそそられるが、それにつられてお金を使いすぎないようにしたい。

第17章
請求書の管理と支払い

　社会人になると、光熱費や水道代のほか電話代、保険料、会員登録料などなど、支払わなくてはならない請求書がいろいろと届く。

　そういう請求書をきちんと把握し、期限を守って支払うようにするにはどうしたらいいだろう。まず大事なのは、管理のしかただ。

請求書を
上手に管理する重要ポイント

- 請求書は届いたらすぐに中身を注意深く確認する。
  不備があっても早くわかれば、支払い期限がくる前に問い合わせできる。

- 「支払期日」の日付けを確認し、期限までに忘れずに払い終える。
  スケジュール帳の支払期日にマーカーで色づけしたり、スマホのカレンダーに記入して、通知がくるように設定するのもおすすめ。

- 請求書はなくさないようにしっかりと保管する。
  電子請求書が届く場合は、パソコンやスマホ内にフォルダを作って保管しよう。

- 自分に合った支払い方法にする。
  コンビニの窓口払いや、クレジットカード払いなどがあるが、銀行の口座振替（自動引落とし）を利用する人が多い。次のページを参照しよう。

口座振替による支払い

　18歳から自分の銀行口座からの振替（引落とし）が設定できる銀行がほとんどだ（イギリスではどの銀行でもそうだが、日本は銀行による）。振替とは、支払いを受けたい会社や機関が指定日に利用者の口座からお金を引き落とすしくみになっている。一度設定すれば、お金は期日ごとに自動的に引き落とされるようになる。

　口座振替（自動引落とし）にすれば、支払い忘れることはないし、期限に遅れることもない。でも、口座にお金がないと引落としされないので、何の請求がいつ引落としされるかを把握し、通帳残高をいつも確認するようにしよう。

電気代

水道代

携帯電話代など
通信費

Apple Musicや
LINE MUSICなど
音楽配信サービス代

保険料

自動引落としと自動送金は違う

　自動引落としも自動送金も銀行口座から支払いをするシステムだがしくみが異なり、支払いの種類も違う。

- **自動引落とし（口座振替）**：口座から引き落とす金額は請求する側が決める。つまり請求額は利用者の使用頻度や量により月ごとに変わることもある。毎月のさまざまな支払い、公共料金やクレジットカードの支払いなどに使われる。

- **自動送金**：口座から引き落とす金額は自分で決め、こちらが変更しない限り金額は変わらない。自動送金は1年契約の定期購読やチャリティ活動への寄付など、金額があまり変わらない定期的な支払いに使われる。

第**18**章
部屋を借りる、ローンで家を買う

　近い将来、賃貸物件に移り住み一人暮らしをすることを考える人は多いだろう。さらに、働き始めると戸建てや分譲マンションなどマイホームを持つ夢を見る人もいるかもしれない。この章では賃貸物件を借りたり、住宅ローンを組んだりするときの費用や手続きについて紹介するよ。また、物件を借りたり購入したりするときにかかる諸経費のことにも触れよう。

賃貸物件を借りるには

　実家を出てアパートやマンションに移り住むのは、とても楽しみなことだけれど費用がかかる。引っ越す前には……

- 最初の1〜2か月分の家賃を礼金として前払いするよう求められる場合がある。
- 保証金（敷金）の支払いを求められることも多い（142ページを参照）。
- 賃貸住宅仲介料がかかる場合もある。
- 家具が付いていない物件は、家具を買いそろえなくてはならない。

椅子くらい
ないとね！

保証金（敷金）について

　敷金とは、物件を借りている間に予想される修繕費などを見越して保証金として払うお金のことだ。だいたい１〜２か月分の家賃くらいで、物件を退去するときまで預ける。退去時に、家主が壁紙の張替えなど修繕費を請求してこなければ、まるごと返してもらえる。

マイホームの購入

　自分の家やマンションをもつ夢の計画は、どのように進めればよいだろうか。資金がものすごく潤沢でない限り、住宅ローンを利用することになるだろう。

住宅ローンとは

　家やマンションを買った人の多くは住宅ローンの返済をかかえている。住宅ローンは銀行や住宅金融支援機構などの公的機関や住宅ローン会社と長期で組むローンで、家やマンションの購入に利用される。利用者は加算された利子分をふくめ、月々の分割払いでローンを返済する（利子については 147 ページを参照）。住宅ローンは大きな金額になるので、だいたい 25 〜 35 年くらいの長い期間をかけて返済する。

まずは住宅ローンの頭金

　住宅ローンを組もうと思ったら、まずは頭金を貯めることだ。頭金とは、物件の最初の支払いとなるまとまった金額のこと。日本の住宅ローンの頭金は、たいてい物件総額の20％程度と言われている（この本が書かれたイギリスでは5〜20％だ）。

気長な投資と考えれば

　住宅ローンの支払いは利子が加算されるので、最終的な支払い総額は、もともとの販売価格よりだいぶ高くなる。しかし、住宅ローンをすすんで利用したいと考える人は多い。月々の家賃を払う代わりとなる住宅ローン返済は、自分のお金が家主に払われるのではなく、マイホームのために支払っている実感があるからかもしれない。

家計にかかる諸経費について

　親元を離れ自立して暮らし始めると、日々の家計（生活を維持するためのお金のやりくり）のことを考える必要が出てくる。だいたい次のような経費がかかると考えよう。

- 月々の家賃または住宅ローンの返済
- 電気代やガス代などの光熱費、水道代（家賃に含まれる場合もある）
- スマホやパソコンの通信費や電話代
  その他に……
- 住民税や固定資産税
- 健康保険料や社会保険料、国民年金保険料

家計の諸経費がひと月いくらかかるのか、何にどれくらいかかっているか、すべて計算しておくといいよ。**出費を把握して予算を立**てると、毎月の家賃などの支払いに困らずにすむからね。

第19章
お金を借りる

　人生は長いので、時にお金を借りることがあるかも
しれない。

・　学生は、高校卒業後の進学先に入学金や授業料を支
　払うために、奨学金制度を利用してお金を借りることに
　なるかも。
・　一般家庭では、後払いできるクレ
　ジットカードを使って休暇のために
　航空券やホテルの予約をす
　るかもしれない。
・　自営業者は店の道具や乗り
　物を購入するため、銀行の
　ローンを利用するかも。

　お金を借りるのは、かなえたい目標がある人にとっ
て大きな助けとなる。でも借金は注意して管理し、確
実に返すよう見通しを立てていかなくてはならない。
　この章ではお金を借りるさまざまな方法を紹介しつ
つ、そのリスクについても考えていきたい。

当座貸越サービスって何?

　普通預金口座に当座貸越というサービスを設定することができる。これはあらかじめ決めておいた限度額まで、自分の口座からよけいに引き出せるしくみだ。一般的には貸越しで借りたお金には利子＊がつき、利子をプラスした金額を返済することになるので注意が必要だ。

　当座貸越サービスでは残高不足のとき、自動的に貸付けを受けることができる。よって、口座の残高が残り少なくなると、気づかないうちに借り越してしまうことがある。万が一のとき安心といえば安心だが、借りるお金がどんどん増えていく不安もある。残高をこまめにチェックして、そういうことが起きないようにしたい。

あなたには
5000円の
借金あり。

＊ 利子…お金を借りたときに借りた人に対して支払いが求められるお金、一定の負担割合。いわば、お金の借り賃。

利子がつくということ

　知人や友人からお金を借りた経験はあるだろうか。あるとすれば、いつまでに返すという約束をして借りたと思うが、返すときに借りたお金に借り賃を加算して渡すことはあまりないだろう。

　だが銀行やローン会社からお金を借りるときは、残念ながらそうはいかない。銀行やローン会社では、借りたお金に加えて、借りた金額に基づいた利子という名の借り賃を付けて返すようにいわれる。利子は借りた総額の数％だが、会社によっては多額の利子を請求するところもあるので気をつけたい。

えー！？　こんなにも！？
借金のほかに利子も
払わなきゃダメなんて！

利率を見くらべよう

　借りたお金につく利子の金額は、実質年率（APR：Annual Percentage Rate）で示される。貸付業者は自社の年率を提示するよう義務づけられており、借り主はそれをもとに各社の利率をくらべることができる。クレジットカードの利率は銀行のローンよりかなり高いのでよく確認しよう。

返済方法は選べるが……

　借金の返済は月ごとの分割払いで、利子をつけて返すことが多い。だが返済が長引く（支払う金額を分割して１回に払う額を少なくする分、支払回数を増やす）ほど払う利子は増え、最終的に返済する総額も増える。

ローンの種類

　ローンとは簡単にいうと借金の一種だ。貸付業者も利用方法もさまざまだが、ここではいくつか取り上げてみよう。

・ 銀行のローン

　銀行は顧客（口座をもつ人）が、確実に返済する保証があるときに限り貸付けをおこなう。銀行がつける利子は、たいていのローン会社より低い利率だ。

・ 分割払いによる購入

　車や家具など高額商品の販売者は、月々の分割払いに利子をつけて支払わせる方法を取り入れている。買った品物はすぐ持ち帰ることができるが、ローンは数か月、時には数年かかることもあり、利子の分が加算されるので、もとの値段より高くなる。

車の支払いに5年もかかった。定価より60万円もよけいに払ったよ。

・ クレジットカードによるローン

　クレジットカード会社は利用者との契約により決まった額までのお金を貸し付ける。カードはお金を支払うときだけでなく、借りたお金を月々の分割払いで返済するときも使う。

クレジットカードによる
ローンの返済方法

　月々の返済方法はカード会社にもよるが、だいたい次の3通りだ。

・ カードを使用した月の翌月、または翌々月に全額を一括払いで払う。
・ 総額を何か月かに分割して利子つきで返済する（2回払いのときは利子がつかないことも）。
・ カード会社が許容する最低額の返済で少しずつ返す、リボルビング払い。

　もし一括払いで返済すれば利子はつかないが、それ以外の方法だと利子をつけて返さねばならず、支払われる利子は毎月加算され、しだいに増えていくことを覚えておきたい。

クレジットカードの怖さ

　月々の返済を 5000 円や 1 万円などの額に自分で設定して少しずつ返すリボルビング払いは、返し終わるまでに何年もかかることがあり、返済のための金利は加算され続けて多額になる。50 万円の借金返済に 10 年かけることもできるけれど、元金（もともとの借金）の数倍のお金を返さなくてはならない。利子はどんどん増えていくことを 10 代のうちから忘れないで!

・ クレジットカードとデビットカード、何が違うの?

　クレジットカードで買い物をすると、クレジットカード会社を通じて、銀行の口座から 2 ～ 3 か月後にお金が引き落とされ、買い物をした先に支払われる。デビットカードは買い物をすると同時に、銀行の口座からお金が引き落とされ、買い物した先に支払われる（14 ページ参照）。

クレジットカードを使いすぎると後から払えなくなるから要注意!

利率（レート）は変わる

　利率（レート）が一定の固定金利を採用するローン会社では、利子の金額がわかるので毎月いくら返済すればよいかはっきりしている。だが利率の変わる変動金利を採用するローン会社も多い。こういう会社で借りたら、支払う利子がいくらになるのかいつも確認しておく必要がある。

　クレジットカードを発行する会社は、貸付を増やすため低いレートを示して勧誘することが多い。だがクレジット（ローン）を使い始めると、急にレートが上がることもある。利用者は会社の提示する毎月のAPR（実質年率）をこまめに確認するようにしよう。もし利子のレートが高すぎると思ったら、カード会社を変えたほうがいい。

利子のレートが
突然こんなに
上がるなんて〜

返済にかかわるトラブル

　ローンで借りる場合も、クレジット払いをする場合も、返済に遅れると利用者には延滞金などの罰金が科せられる。もし返せずに延滞が続くと、クレジットカードの場合は、カードが使用できなくなり、クレジットスコア（信用等級）にも悪い影響をおよぼす。

クレジットスコアとは

　クレジットスコアとは、ローンやクレジットを利用する人の返済記録のこと。住宅ローンなどを申し込もうとすると、ローン会社は申請した客のクレジットスコアを確認し、ローンを認めるかどうか審査するのだ。クレジットスコアは信用等級（格付け）とも呼ばれる。

恐怖のペイデイローン

　日々の生活でふところ具合がピンチになり、次の給料日までとかの短い間、お金を借りたいと思うことがあるかもしれないが要注意。イギリスやアメリカでは、「ペイデイローン」（給料日ローン）と呼ばれる、次に入る給料を担保にして貸し付けをする消費者金融（個人に対して融資を行う業者）がある。本来なら金利が10%台に収まるはずが、非常に高い返済の利率になることがあるといわれている。

高利貸しに近づくな

　お金がどうしても必要で、不法な業者にお金を借りる人もいる。上記のペイデイローンのようないわゆる「高利貸し（ヤミ金融）」とよばれる会社だ。こういう業者は、はじめは借り手の親身になると見せかけて、返済が少しでも滞るととたんに態度を変えひどい対応をしてくるケースがある。また、利率を決めた通りにせず勝手に高くしたり、暴力的に脅して返済させようとする場合もある。

「借金地獄」という言葉がある

　借金はいちど増え始めると、なんとか返そうとあせって誰でも必死になる。でもそのせいで返済のためにさらに借金をするという悪循環にはまりやすい。

　ローン返済はいつもできる限りすみやかに。そう思っていても返済が遅れることはある。

　このような借金問題を相談し、返済方法をアドバイスする機関はインターネット上でも探すことができる。

金融庁　多重債務の相談窓口
https://www.fsa.go.jp/soudan/

借金するなら
これだけは守りたい4か条

必要以上に借りない

借りたお金（借入れ金）が多いほど、返済も大変。

できる限り早く返す

返済が長引くほど、支払い総額は増える。

返済の見通しをしっかり立てる

月々の返済にあてるお金を必ず取り置きする。

返済期限を守る

期限までに返さないと遅延損害金が発生するし、クレジットスコアの成績にもひびく（クレジットスコアのことは 153 ページを読み直そう）。

第20章
ギャンブルって何？

　ギャンブルをする人は、お金がもうかるよりも損して減らす可能性のほうが高いと知りながら、そのリスクを冒（おか）している。

　ギャンブルはパチンコやスロット店、競馬場、カジノ、ゲームセンターなどの施設ですることができる。しかし最近は、施設に出かけなくてもインターネットでギャンブルのサイトにアクセスすれば、家にいてもできる。それはオンラインギャンブルと呼ばれ、ビジネスとして成功して人気が出ている。つまり多くの人がオンラインでスロットやルーレット、カードゲームなどをやっているということだ。ギャンブルは中毒性があり、依存症になる人もいるので、危険な娯楽といわれている。

子どもの遊びに登場するギャンブル

　ギャンブルはだいたいどこの国でも、原則18歳未満は禁止だ。日本では、競馬や競輪は未成年（2020年現在20歳未満）禁止、パチンコは18歳未満禁止とされている。だが、小さいうちからギャンブルらしき体験に近いものをしているという説がある。18歳にならなくてもできるカードゲームやスロットマシンゲームが身近にあるからだ。パチンコや競馬などの広告は子どもも目にするし、スマホやパソコンのゲームではプレイヤーが仮想のお金を積み上げて競う点がギャンブルに似ている。

やめられなくなる怖さ

　ギャンブルはいちど始めるとやめられなくなる人が多い。お金を失うとわかっていても、もしかして運が向いてくるのではとやり続けてしまう。ギャンブル好きな人はよくこの悪循環にはまり、損をすればするほど、勝ってお金を取り戻そうと躍起になる。

第21章
投資って何？

　世間には財産の一部を投資にあてようと考える人がいる。投資とは、将来価値が高まると信じる物にお金をつぎ込むこと。投資はもうかることもあるけれど損もあり、つぎ込んだお金を失うこともある。投資を考えるときはまず、次のことを決めてからにしよう。

・　いくらまで損をしてもよいか？
・　投資するお金をほかのことに使わなくてもよいか？

いろいろな投資がある

　投資家はさまざまな投資対象の中から好きなものを選ぶ。不動産を買って投資する人もいれば美術品やクラシックカーにお金をつぎ込む人もいるが、一般的には会社などの組織の株を買うことが多い。

株を買う

　会社の株を買うのは、その会社の運営費の一部を負担するということだ。株式会社は大量の株による出資で成り立っていて、1株の値段は会社の総資産に対してごくわずかだ。

株の価値(株価)はどう動く?

　株価は、会社の業績に応じて上がったり下がったりする。

・ 会社の業績がよい株価は上がる。投資家がそのタイミングで株を売ると利益が出る。

↑利益

損失 ↓

・ 会社が思ったような業績を出せないと株価は下がる。投資家がそのタイミングで株を売れば損をすることになる。

わたしは1株100円の会社の株を100株買ったの。この会社が急成長して今では1株300円よ。

今、その100株を売れば、30000円の払い戻しを受け取れます。つまりあなたの投資は20000円のもうけとなります。

ぼくも1株100円の別の会社の株を100株買ったよ。その会社は業績がよくなくて今では1株20円なんだ。

今、その100株を売れば、払い戻し金は2000円です。あなたは投資で8000円の損をしたことになります。

配当金の支払い

　株を売るとお金がもうかるのとは別に、株の持ち主は投資している会社から配当金の支払いを受けることがある。配当金とは、株主に支払われる会社の利益の一部だ。金額は1年間にその会社が上げた収益と、株主の持つ株数によって決まる。

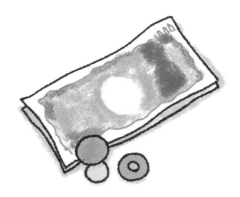

投資をするかしないか、
どこに投資するか

　投資を始めるときは、まず次のようなことを考えたい。

・ 投資に使える金額はいくらか。
・ 投資したお金を使わないで、どのくらい暮らせるか。
・ リスクが高い投資（高収入になるかもしれないがつぎ込んだすべてを失うこともある）をしたいかどうか。
・ リスクの低い投資（高収入の見込みはないが安全）のほうがよいか。

　投資業界は非常に複雑なしくみであるため、投資先や金融商品を選ぶときは金融の専門家（銀行や証券会社の担当者など）に相談する人が多い。どの会社に投資したらよいとか、株を売り買いするタイミングや、そもそも会社への投資ではなく違う投資にするべきかなどを一緒に考えてくれる。

第**22**章
保険って何？

　日ごろ、お金の使い方をよく考えきちんと計画しても、思いがけないトラブルで台無しになることがある。スマホを壊してしまったとか、財布を落とすとか、自転車で転倒する……などのアクシデントは誰もが経験する。大人になれば、もっとけた違いにお金のかかる問題と次々向き合うことになるかもしれない。車が故障したり、洪水で家が浸水したり、事故にあってけがをしたり、急に病気になったり、失業したら……どれだけ不安な気持ちになるだろう。こうした深刻な問題は、補償にかかる費用を確保する手はずを整えておかないと、自己資金だけでは対応しきれない。

　それでは万一の事故が起きたとき、かかる費用をなるべく抑え、自分の財産を守れるようにするにはどうすればいいだろうか。

備えあれば

　予想外の出費に備えるには、次のような方法がある。

・ まさかの時のために備えて日ごろから貯金する
・ 104ページのアドバイスにそって、ふだんから予備費としてお金を貯める
・ 保険に加入する

　この章の続きを読んで、もっとくわしく知ろう。

保険とは?

　保険とは困ったことが起きたとき、大金を支払わずに自分の財産を守る方法のことだ。保険に入る人は、保険会社に年1回や毎月など定期的にお金を払い、その見返りに保険証券を交付してもらう。この証券は特定の問題が起きたとき、その費用の大半を保険会社が負担することを保証するものだ。保険を契約したときから加入者は保護され、保険会社に保険金を請求できるようになる。

いろいろな保険がある

　保険をかける対象はいろいろとあり、家や財産、車などのほかにも生活のさまざまな場面で生じた費用や損害を補償するものがある（くわしくは172ページ参照）。

　保険の中には加入が義務づけられているものもある。自動車保険に入らずに車を運転すれば違法となるし、火災保険に入らなければ不動産の住宅ローンは組めないだろう。ほかの保険については、補償が必要かどうかを自分で判断し、加入を決める。

保険をかける大切さ

　法律で義務づけられなくても、入っておかないととても困る場合がある。たとえば海外へ行くときに旅行保険の支払いを節約して加入しないのは、盗難や事故などのトラブルの可能性を考えるとリスクが高い。

保険のしくみ

　保険に入ると、保険料という名目でひと月ごとや一年ごとに支払いをする。保険料はリスクの高さや、保険をかける対象の価値で決まる。

まだドライバー経験が浅い初心者だから、自動車保険料が高いんだ。

私はもう20年間無事故で運転しているの、だから保険料はきみよりずっと安いのよ。

うちは高級車に乗っていてね、となると保険料も安くないわね。

ぼくの車はきみの車とくらべて修理費がたいしてかからないんだ。だから保険料もその分お得さ。

保険金を請求するには

　保険をかけておいた物事に問題が生じたら、まず保険会社に問い合わせ、専用の用紙を取り寄せて記入し申請する。保険会社は申請者が書いた請求理由をくわしく調べ、同意すればお金を払ってくれる。

　保険加入者の請求回数が多いと、請求数の少ない人より保険料は高くなる。一定年数以上、請求しないでいると、保険料が割引されることもある。これを車の保険の場合は「無事故祝金」、医療保険の場合は「健康祝金」などという。

あーあ！　無事故祝金がぱあになっちゃった！

ゴツン　ガツン　ドミーン！　バリバリバリッ！

自動車保険

車を持ったら自動車保険に加入し、事故などの諸問題に備えなければならない。自動車保険は、主に2つの種類に分けられる。

① **自賠責保険（強制）**

　　被害者救済を目的とした最低限の補償のため、高額な賠償額を賄うことはできない。また、事故を起こした際、相手の身体への補償に限られており、自分への補償はない。また、強制のため、もし加入していないと車検も通らないので、「強制保険」とも呼ばれている。

② **自賠責保険（任意）**

　　補償範囲は、相手の身体だけでなく、自分や搭乗者の身体、双方の車、物など多岐にわたる。主な補償内容に次のようなものがあり、目的に合った補償を選んで加入する。

・ **対人賠償保険**

　　事故で相手を死傷させてしまった際、自賠責保険などの支払額を超える部分を補償してくれる。

・ **対物補償保険**

　　事故で相手の車や、家屋、ガードレール、信号機、電柱などの物を壊してしまった場合の補償。

・ **人身傷害保険**

　　車に乗っているときや歩行中に自動車事故に遭い、死傷した場合の補償。

・ **搭乗者傷害保険**

　　同乗している搭乗者が事故で死傷したときの補償。

・ **車両保険**

　　契約している車が壊れたりした場合の補償。

・ **無保険車傷害保険**

　　車の事故で死亡したり後遺症が残ったものの、相手の車が不明だったり保険に入っていない場合の補償。

火災保険、地震保険

　マンションや戸建てを購入する際、住宅ローンを利用する人は火災保険の加入が義務づけられている。これは、火災や自然災害など建物に損害を受けた場合に補償される保険だ。また、地震保険は火災保険とセットでしか入れない。最近では、自転車事故に対して備えた個人賠償責任保険が付いているものもある。

家財保険

　家財保険は、所有物が損害や盗難にあった場合に補償を受けられる。衣服、パソコン、自転車、携帯電話などすべてこの保険に含まれ、戸外でなくしたり壊したりした場合でも補償される。

旅行保険

　旅行保険は出張や休暇で国内外の旅行中に起きた事故などに対し、その費用を補償する保険だ。

　一般的に、次のような補償をしてもらえる。

・ 旅行かばんや荷物の紛失、盗難で被<ruby>被<rt>こうむ</rt></ruby>った費用

・ 飛行機の遅延など移動上の問題でかかった費用

・ 旅行を取りやめ、または短縮した場合に発生する費用

・ 医療的な緊急処置にかかった費用（リスクの高い登山やスノーボードをする場合は、そのための保険が別に必要になる）

そのほかの保険

　保険は実にさまざまな物事に対して設定されている。中でも代表的な保険を次に挙げよう。

・ 医療保険

　　医療的な処置やケアにかかる費用を補償する
・ 所得補償保険

　　働けなくなったときの収入を補償する
・ 学資保険

　　子どもの教育資金を準備するための貯蓄型の保険（134 ページ参照）
・ 生命保険

　　死亡した場合に遺族や扶養家族に保険金が支払われる
・ ペット保険

　　飼っているイヌやネコが病気をしたときの診察代や手術代などを補償する

お金のことで困ったら、相談を

　この本を読んで、お金のしくみを理解し、かしこくお金を扱うことに少しでも自信がついただろうか。でも、時にはうまくいかなくて、お金のことについて誰かに相談にのってもらえたらと思うことがあるかもしれない。

　お金のことで困ったときは、まず、親や信頼できる友人に話をしてみよう。また、お金の管理のことで明快なアドバイスをもらえる電話相談窓口や、役に立つウェブサイトもある。サイトによっては、お金に関わる幅広い知識を持ったファイナンシャルプランナーなどのアドバイザーにメールやチャットなどオンラインで相談でき、個別のサポートやアドバイスをもらうことができる。

チェックシート
～クイズ解答例と解答～

28ページ（解答例）

ほしい物：フーセンガム、映画のチケット、リップスティック、雑誌、
　　　　　香水、お菓子、バナナ

必要な物：バス代、消臭剤、サンドイッチ（ランチ）、ソックス、
　　　　　歯みがき粉

50ページ

(a) 指人形1体の材料費　＝　350円
(b) 1体の手間賃　＝　　250円
(c) 1体の費用合計　＝　600円
(d) 1体につき1100円の値段をつける

65ページ

お買い得なのは
(a) 1個買うと2個ついてくる、　(c) 定価の3分の2の値段、
(f) 60％引き
割引後の値段：　ショートパンツ＝2250円、　Tシャツ＝1000円

106ページ

(a) 4000円のプレゼント代が貯まる
(b) 毎週1000円貯めるとよい
(c) 25か月で目標額が貯まる

お金にまつわる用語集

アプリ
アプリケーションの略。スマホやタブレット、パソコンなどのデジタルデバイスにダウンロードして使用できるさまざまなソフトウェアのこと。

アプリ内購入（課金）
アプリを通じて商品やゲームなどを購入すること。

おこづかい
子どもが親や祖父母などから定期的にもらうお金。

オンライン決済
キャッシュカードやクレジットカードの情報をコンピューターで送る方法での支払い。

オンラインショッピング
ネットショッピングやネット通販ともよばれる。

学資保険
子どもの教育資金を準備するための貯蓄型の保険。

学資ローン

教育に関する学費などの支払いに利用するローン。

貸付け、融資

銀行や組織、個人からお金を借りること。たいてい利子（利子の項参照）をつけて返済する。

仮想通貨（ビットコイン）

オンライン上で保管と利用ができる仮想の通貨のこと。物やサービスを売り買いできる。

株、株式

投資家（株主、出資者ともいう）が会社に出資し分担共有されるもの。

企業年金

雇用者が被雇用者のために設定する年金。被雇用者は給料の数パーセントを年金の積み立てに支払い、雇用者も被雇用者の年金のために負担する。

ギャンブル、賭け事

ゲームなどの活動にお金や物品を賭けること。お金はその勝敗により失うリスクにさらされる。

給付、手当

政府が特定の人々に対して払うお金。障がい者生活手当、子ども手当、妊婦手当などをさす。

給料、給与、固定給

雇用者が被雇用者に定期的に支払うお金。たいていひと月にいちど、銀行口座に直接振り込まれる。

銀行口座

銀行が提供するサービスで、ほかの口座に払い込みをしたり、現金を払い戻したり諸経費の支払いなどができる。また銀行はそのような口座内の収支の記録をすべて残してくれる。

銀行のキャッシュカード

銀行が発行するプラスチック製のカードで、自分の口座のお金を出し入れできる。クレジットカードやデビットカードとして使えるカードもある。

銀行のプリペイドカード

あらかじめそのカードにお金をチャージしておくと、クレジットカードのように加盟店で支払いができる。お金を使うだけでなく払い戻しもできる。

銀行のローン

口座をもつ人が銀行から日々の生活資金、住宅の購入資金など資金需要に応じて借りるお金のことで、決められた利率にしたがい利子をつけて返済する。

銀行預金残高

銀行口座にある金額。

クレジットカード

18歳以上の収入がある人が申し込めるプラスチック製のカードで、カード会社から借金をして翌月払いや分割払い、ボーナス払い、リボ（リボルビング。1万円など、ひと月あたりの支払額を設定し、その金額以上の支払い残高を翌月以降に繰り越すことができる）払い等の後払いができる。

クレジットスコア

信用調査機関が個人の借金とその返済の履歴を調べて出す点数。この点数によりお金を貸すときのリスクの高さを判断する。信用等級ともいう。

契約

人または組織の双方が法的に同意したことを意味し、両者が守らなくてはならないことを記す。たとえば、雇用主や電話会社と契約を結んだりするなど、雇用や売買、所有などに関して行われる。

現金自動預け払い機（ATM）

銀行のキャッシュカードを使い自分の預金残高から現金を引き出したり、預け入れや送金、残高確認などができる機械。ATMともいう。ATMはAutomated Teller Machineの略称。

口座振替（自動引落とし）

口座から定期的な支払いをするように、銀行が自動的に処理すること。請求代行会社が請求金額を変更するときは銀行に通知し、金額は、たとえば電気やガス、電話など使用の度合いにより頻繁に変わる。

厚生年金

会社員など組織に属している人が加入している年金保険。若いときにこの制度に加入して保険料を納め続けることで、歳をとったとき、年金を受け取ることができる。

高利貸し、ヤミ金融

貸付けに関する法律にしたがわずに、高い金利でお金を貸す業者。

固定利率（金利）

利率を一定期間変えないと保証すること。

雇用者、雇い主

自分（たち）のために働く人に支払いをする組織や会社または個人。

最低賃金

雇用者が支払うことを法律で義務づけた時間給の最低金額。

最低返済額

クレジットカードなどでお金を借りた際、毎月返済しなければならない最低金額。

詐欺

お金をだまし取ることを目的とした、ずるい方法で人をだます犯罪。

差引、控除

所得税やその他の支払いのため給与から差し引かれるお金。

時間外労働、残業

雇用者とかわした契約以上の時間を働くこと。残業代は支払われる会社もあれば支払われない会社もあり、社会問題になっている。

支出、出費

生活するうえで使うお金のこと。食費や家賃など。

自動送金

銀行に対し口座から自動的に送金するよう依頼する手続き。送金額は口座所有者が送りたい額に変えられる。

収益、もうけ

かかった費用をすべて引いたのちに残る金額。

住宅金融支援機構

住宅金融市場において資金供給を支援する独立行政法人機関。

住宅ローン

銀行、住宅金融支援機構や住宅ローン会社から借りる長期のローンで、マイホーム購入の際に利用される。その返済は何年にもおよぶ。

住宅ローンの頭金

物件の総費用のうち、ローンを利用する際に最初に支払うべきまとまったお金。

（定期）収入、所得

労働の対価として受け取るお金。収入とはお金が「入る」こと。

ジュニアNISA

未成年向けの少額投資用非課税口座。

純収入、純収益

所得税などの控除後に支払われるお金。手取りの給料（賃金）と
もいう。

奨学金制度

大学などの学費や教材費、学生生活にかかる生活費を支援する
ためのローン。

所得税

個人の所得に対してかかる税金。

信用、信用貸し

口座にお金が確かに入っていると「信用されている」ということ。
その口座に資金があればそのお金は使うことができる。

スチューデント・ローンズ・カンパニー（英）

イギリスの大学やカレッジで、学生に学費や生活費を貸し付ける
組織。SLCともいい政府が所有する。

税額控除、税の減免

所得税額の支払い対象から免れる一定の金額。

税金

政府に支払うお金。所得税、自動車税、付加価値税（消費税、VAT）などさまざまな種類がある。VATは商品やサービスの購入時に課せられる間接税。

総収入、総所得

所得税などが控除される前に受け取る収入全体。

単位価格、単価

品物1個や1キロ、1リットルにつきいくらかという値段のことで、同種の品物が違う包装で売られていてもこれでくらべられる。

貯蓄預金

お金を貯める目的とした預金。銀行はその貯蓄に対し利息（利息の項参照）をつける。

賃金

仕事をした人に支払われるお金。支払いは月ごとや週ごとが多い。

賃借人、借り主

家主から借りた物件に住む人。

賃貸住宅仲介業者

家主が借家人を探すのを仲介し、賃貸料の支払いや家の修理などを取り計らう業者。

賃貸料

借り主が家やマンションなどの物件の所有者に支払うお金。

通貨

ポンド、ドル、円など、特定の国で使われるお金。

定期預金

預け入れから一定期間、お金が引き出せない条件がつく預金。

データ通信

モバイルデータ通信はWi-Fi機能が使えなくても、スマホやタブレットなどのデバイスをインターネットにつなぐ役目をする。

デビットカード

銀行発行のキャッシュカードで、オンラインでの支払いや現金を

使わない店での買い物に使える。クレジットカードと違い、銀行の普通口座とひもづけられているので即、引き落とされる。ATMで、自分の銀行口座からお金を引き出すのにも使える。

当座貸越し
定期預金口座をもつ銀行からお金を借りる方法。取り決めした金額まで借りられる。当座貸越し扱いでない借金は、多額の利子を支払わなくてはならない。

投資
会社の株など時間の経過とともに価値が増えるかもしれないものを買い、お金を使うこと。

日本学生支援機構（JASSO）
大学生のための奨学金制度を設けている。

日本政策金融公庫
国の教育ローン制度を設けている。

ネットバンキング、ネットバンク
ネットバンキングは、実際に店舗がある銀行が提供しているサービス。ネットバンクは、ネット上だけにあるネット銀行。自分の銀行口座をスマホやタブレット、パソコンなど、オンラインで取引、

管理できる。

年金
条件を満たした人が定期的に支払いを受ける。代表的なものは
政府が支払う国民年金、民間の年金会社が払う個人年金、企業
年金（職域年金）の3つである。企業年金の項参照。

配当金
会社の利益から会社の株を所有する人に支払われるお金。

払い戻し／出金
銀行などの口座からお金を引き出すこと。

（口座からの）引落とし
口座から払い戻されるお金は口座から「引き落とされる」ともいう。
もし、口座のお金が「超過引き出しになる」と、その口座は借金
があることになる。「赤字になる」ともいう。

被雇用者、雇われた人、従業員
組織や会社または個人のために働き、報酬を受け取る人。

非接触型（サインレス）決済
非接触型機器（クレジットカードやスマホ）を読み取り機にタッチ

したり近づけたりして支払う方法。

必需品
それなしでは生活に困るもの。

フェアトレード
開発途上国の原料や製品を適正な価格で購入することにより、開発途上国の生産者や労働者の生活改善と自立を目的とする貿易のしくみ。

負債、借金
人や金融機関から借りたお金。

普通預金
日々のお金を管理する、たとえば給与を受け取ったり、支払いをしたりするのに使われる口座。

分割払い購入
総価格を借金し、定期的に返済することで物を買う方法。リボルビング（リボ）払いともいう。

ペイデイ（給料日）ローン
イギリスやアメリカの短期の貸付けをおこなう消費者金融で、非

常に高い利子を課す。

変動利率（金利）
返済の金利が決まっておらず、利子の支払い額が変わるもの。

返品伝票（クレジットバウチャー）
キャンセル伝票や取消伝票ともよばれる。処理済の伝票を取消すために発行される伝票のこと。アメリカだとクレジットバウチャー、イギリスではクレジットノートという。

保険
困ったことが起きたとき、大金を失わないように保護する方法。保険会社に定期的に保険料の支払いをして、経済的な補填を受ける保証をもらう。保険の種類は各種さまざまなで、自動車保険、家財保険、火災保険、旅行保険、生命保険などが代表的。

ほしい物
買いたい物、それなしでもすませられる物。必需品の項も参照。

保証金（敷金）
家や部屋を借りる人が入居する前に家主に渡すお金で、物件が借りた人により受ける損害を守る目的がある。

明細書

金銭上の取引を示す書類。たとえば、給与明細書など。

預金

銀行口座に預け入れたお金。

予算

資金を計画的に使うやり方。収入と支出を割り出し、残金をどう使うかなどを決める。

利子

お金を借りたときに借りた人に対して支払いが求められるお金、一定の負担割合。いわば、お金の借り賃。

利息

お金を預けた人に対して支払われるお金、一定割合の礼金。いわば、お金の貸し賃。

料金プラン

携帯電話会社との契約のことで、種類により電話回線の使用回数、時間、メール文字数やデータ量などが取り決めされる。

利率、金利
貸付けや預金に対し取り決めされる利子（利息）の割合。

レシート、受領証
売り手が買い手に購入した証拠として渡す書類。紙や電子メールで発行される。

割引、値引き
品物の値段を引くこと。

AER
Annual Equivalent Rate の略称。年換算率のこと。預金先を検討するときの比較に使われる。

APR
Annual Percentage Rateの略称。実質年率のこと。お金の借り先を検討するときの比較に使われる。

ATM
Automated Teller Machineの略。現金自動預け払い機の項参照。

CD

Cash Dispenserの略。現金自動支払機。自分の口座からお金を払い戻すのに使える。

PINコード

個人を認識する番号(Personal Identification Number)の略。

Wi-Fi（ワイファイ）

スマホやパソコンなどのネットワーク接続に対応したデバイスを無線（ワイヤレス）でLAN（Local Area Network）に接続する技術。

索引

ア

カ

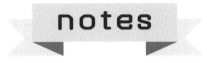

著者略歴

ジェーン・ビンハム Jane Bingham

ミシガン州立大学などで文学や美術史を修める。長らく教育学の研究と教育活動に携わったのち、現在は作家として児童書、ヤングアダルト向け教養書の執筆にあたる。著書は100冊を超え、イギリスのアズボーン社で企画・編集をした『The Usborne Illustrated Dictionary』は英国読書協会賞を受賞。

ホリー・バシー Holly Bathie

イギリスのデヴォン州で育つ。大学卒業後、オックスフォードに移って演劇の仕事にかかわったのち、児童書出版社で働き始める。編著書に『First Sticker Book』シリーズ、『My First Word Book』シリーズ（いずれもアズボーン社）など多数。

訳者略歴

小寺敦子 （こでら・あつこ）

神奈川県在住。お茶の水女子大学大学院修了。短大非常勤講師、私設ゆりがおか児童図書館の活動を経て、英語圏の子どもの本の翻訳を始める。日本翻訳家協会会員。訳書に『ネットとSNSを安全に使いこなす方法』東京書籍（2020年）、『ぼくが本を読まない理由』PHP研究所（2015年）、『宇宙のことがわかる本』大日本絵画（2016年）、『つながる百科 地球なんでも大図鑑』東京書籍（共訳、2018年）、『なんみんってよばないで。』合同出版（2019年）など。

ブックデザイン	長谷川理
カバーイラスト	後藤知江
本文イラスト	フレヤ・ハリソン
	後藤知江(p.7, 21, 22, 25, 26, 32, 43, 44下, 59, 86, 87左, 88, 89, 124上, 129, 135上, 136, 147, 151上, 161の1段目と3段目, 162, 164)
DTP・編集協力	株式会社リリーフ・システムズ

U18　世の中ガイドブック
お金のしくみを知りかしこく扱う方法

2020年7月3日　第1刷発行

著　者	ジェーン・ビンハム＆ホリー・バシー
訳　者	小寺敦子
発行者	千石雅仁
発行所	東京書籍株式会社
	〒114-8524　東京都北区堀船2-17-1
	電話　03-5390-7531（営業）
	03-5390-7512（編集）
	https://www.tokyo-shoseki.co.jp
印刷・製本	株式会社リーブルテック

ISBN978-4-487-81363-6 C0095
Managing your money
Copyright ©2019 Usborne Publishing Ltd. UK.
Japanese translation rights arranged with USBORNE PUBLISHING LTD. through Japan UNI Agency, Inc., Tokyo
Japanese Text Copyright ©2020 by Tokyo Shoseki Co., Ltd.